Cidinho Marques

PENSANDO FORA DO EGO

Copyright© 2016 by Literare Books International
Todos os direitos desta edição são reservados à Literare Books International.

Presidente:
Mauricio Sita

Capa, diagramação e projeto gráfico:
David Guimarães

Revisão:
Débora Tamayose

Ilustrações
Clóvis Cabalau

Gerente de projetos:
Gleide Santos

Diretora de operações:
Alessandra Ksenhuck

Diretora executiva:
Julyana Rosa

Relacionamento com o cliente:
Claudia Pires

Impressão:
Rotermund

Dados Internacionais de Catalogação na Publicação (CIP)
(Câmara Brasileira do Livro, SP, Brasil)

Marques, Cidinho
　　Pensando fora do ego / Cidinho Marques. --
São Paulo : Literare Books International, 2016.

　　Bibliografia.
　　ISBN 978-85-9455-013-2

　　1. Autoajuda 2. Autoconhecimento 3. Conduta de
vida 4. Controle da mente 5. Desenvolvimento
pessoal 6. Espiritualismo 7. Meditação I. Título.

16-07815　　　　　　　　　　　　　　　　　　CDD-158.1

Índices para catálogo sistemático:

1. Pensamento fora do ego : Psicologia aplicada
　 158.1

Literare Books International
Rua Antônio Augusto Covello, 472 – Vila Mariana – São Paulo, SP
CEP 01550-060
Fone/fax: (0**11) 2659-0968
site: www.literarebooks.com.br
e-mail: literare@literarebooks.com.br

Cidinho Marques

PENSANDO FORA DO EGO

SUMÁRIO

PREFÁCIO	7
INTRODUÇÃO	11
AGRADECIMENTOS	15
CAPÍTULO 1 – O DESPERTAR	17
CAPÍTULO 2 – O CUIDAR	29
CAPÍTULO 3 – A DITADURA DO EGO	41
CAPÍTULO 4 – AUTOECOLOGIA	53
CAPÍTULO 5 – AUTOCONHECIMENTO	61
CAPÍTULO 6 – A ESCALADA	75
CAPÍTULO 7 – PERCEPÇÃO SELETIVA CONSCIENTE	87
CAPÍTULO 8 – A LEI DO MAGNETISMO ESPIRITUAL	97
CAPÍTULO 9 – AMOR E DESAPEGO	113
CAPÍTULO 10 – NOSSOS DOIS CORAÇÕES	123
CAPÍTULO 11 – MEDITAÇÃO: A NUTRIÇÃO DO ESPÍRITO	131
CAPÍTULO 12 – ORGASMO ESPIRITUAL	149
CAPÍTULO 13 – INTELIGÊNCIA EMOCIONAL	159
CAPÍTULO 14 – OS 13 VERBOS PARA PENSAR FORA DO EGO	171
REFERÊNCIAS	189

PREFÁCIO

Escrito com zelo, competência e denodo, Pensando fora do Ego inaugura uma visão especial do homem ante si mesmo. Envereda em direção do holístico e da plenitude onde o homem, os outros e o mundo são uma única coisa. Cidinho Marques, partindo das profundezas da alma, ousa e redefine outra forma de se ver e de se entender como as coisas se dão, na perspectiva inseparável do homem e a natureza. Um trabalho belíssimo, abrangente que realça a relação dialética profunda na vida e que nos leva a pensar. Pensando fora do Ego nos remete a outras formas de tratar das questões humanas do ponto de vista comportamental e social e foge, marcadamente, do referencial teórico que temos utilizado para explicar o comportamento.

Nota-se no livro uma inquietação intelectual, um grande fervor e entusiasmo do autor, meu especial amigo Cidinho Marques, por sua convicção apaixonante, crença e fé no homem, uma sábia tentativa de demonstrar e nos oferecer outro paradigma que explique o homem e suas singularidades, enquanto ele no mundo e diante de si mesmo. O escritor procura delimitar novos horizontes para se compreender o intrincado fenômeno que é o proceder dos humanos. E, em especial, sua relação com o mundo e fora dele. E, em um rasgo de lucidez, contemplação e experiência ousa, categoricamente, a propugnar outro referencial de ideias que nos ajuda a entender e a compreender melhor as bases do comportamento e das relações humanas.

Freud, no final do século 19, cria o Ego, estrutura, que juntamente ao superego e ao Id forma a estrutura fundamental do aparelho psíquico e atribui-lhe as bases das relações do sujeito com os outros, com o mundo e concede-lhe significância na clínica, na psicologia e na psicopatologia. Essa força interna humana, na hipótese freudiana, é elemento-chave da consciência e responsável por muitas funções humanas em suas distintas formas de expressão.

O vienense atribui, ainda, a essas instâncias autonomia, limites e responsabilidades e reconhece que o adoecer psíquico, como um fenômeno médico, provém da fragilidade das relações entre essas estruturas. Encontra na desarmonia funcional do ego, superego e Id as bases do adoecimento psicológico e passa a explicar clinicamente o comportamento com base nessa formulação teórica e, a partir daí, redefine a psiquê.

Pensando fora do Ego propõe um salto fora desse paradigma e desse alinhamento teórico e nos conduz a visões teleológicas e transcendentes dos humanos, não examinadas no conceito formal das teorias que tratam sobre nós de mesmos. Cidinho tira o homem de si mesmo, do seu ego, e o leva a patamares não psicológicos, tão somente, a outros patamares habitualmente não navegáveis. Realça a importância do ego como estrutura fundamental relacional e equalizadora dos comportamentos, dá-lhe valor real, porém realça e destaca que a harmonia dos humanos consigo mesmos, com o mundo, com o cosmo e com os outros é a base maior da nossa felicidade, quiçá do nosso poder. Sai da materialidade do egoísmo dialético endógeno que pode nos conduzir a um aprisionamento existencial e avança na perspectiva de uma paz duradoura e da felicidade ante a sua natureza exógena, quando o homem se desprende de si mesmo e vai ao alcance de sua natureza.

Pensando fora do Ego dá à vida das pessoas um tom mais existencial, empirista e vivencial do que psicológico. Realça a experiência humana como base das mudanças e das conquistas. Essa visão mais existencial que psicológica, mais transcendente que material dá aos seres humanos a possibilidade de um viver abrangente e holístico.

CIDINHO MARQUES

Em Pensando fora do Ego, Cidinho Marques ousa. Propondo uma visão contemporânea, atual, menos enigmática e diferenciada das condutas humanas e nos levando a pensar mais, a sentir mais, e a refletir sobre nós mesmos. O livro nos leva em nossa direção e na direção do mundo, reconhece que infinitas forças, muitas delas contrárias a nossa própria natureza, nos afasta de nós mesmos nos tornando mais distantes da nossa intimidade.

Pensando fora do Ego não fica só aí. Nos oferece uma visão diferente da forma de se viver o habitual, quando se considera o homem no mundo. Nessa dinâmica, o livro procura estabelecer vias de mão dupla entre o eu e o tudo que nos contém. Somos o mundo e o mundo somos nós. Eis o eu e o mundo, que na visão dialética de Cidinho Marques é a expressão maior da existência humana. As fronteiras existem entre esses universos e entre essas diferentes formas de existir, porém não nos aprisionam, não nos limitam ou não nos impedem de crescer, de ir e vir no sentido de alcançarmos a plenitude.

Pensar, sentir e refletir na busca da plenitude da vida é a mensagem maior deste livro. E, para tanto, destaca o esforço que cada de nós terá que fazer no sentido de desprendermos de nós mesmos no rumo da auto superação. Nos adverte para esforço que também teremos que fazer diante de nós mesmos para enfrentarmos a insinuante materialidade que nos seduz no dia a dia. E, finalmente, nos propõe a nos contrapormos aos grilhões comuns da vida contemporânea que em muitos sentidos nos atormentam.

Cidinho escreve seus textos convencido sobre a capacidade dos seres humanos de se superarem a si mesmos e aponta esse caminho se poder realizar as mudanças necessárias para se ter uma vida melhor, mais feliz e em harmonia com os outros e com o mundo, a partir de nossa autossuperação. Pensando fora do Ego nos convoca a conviver (viver com), e a contestar a efemeridade da posse, do isolacionismo e do egoísmo, condições adstritas a um autoaprisionamento.

Parabéns, mestre Cidinho
Boa leitura a todos!
Dr Ruy Palhano Silva – Médico Neuro-Psiquiatra e Escritor

INTRODUÇÃO

Este não pretende ser um livro de autoajuda, mas de autoconhecimento. Autoajuda soa como receituário, autoconhecimento é uma proposta de viagem cujos *insights* são imprevisíveis, e seus achados, incopiáveis. Também não pretende ser um trabalho de *mentoring*, pois a mentoria pressupõe aconselhamento, e este, em nossa visão, nada tem a ver com construir-se de dentro para fora, a única e possível autoconstrução.

Fala-se muito em aprender, em ensinar ou em ensinar a aprender, mas esquece-se de que desaprender talvez seja mais importante, numa determinada dimensão. Ao nascer, trazemos um DNA do Universo, uma herança de onde viemos – Deus – na qual reside toda a verdade da vida. A rigor, não precisaríamos aprender nada. Intuitivamente e, ao mesmo tempo, em sintonia com a consciência divina, teríamos todas as respostas para nos desenvolver e viver uma vida plena. Ao nascer, dão-nos um nome, depois nos inculcam características e mais tarde atribuem-nos um RG, um CPF, uma profissão, enfim, uma personalidade psicossocial. Aos poucos e ao longo da vida inteira, aceitamos e alimentamos um falso Eu, o danado do Ego! Se pelo menos o utilizássemos como instrumento, e não como um fim em si mesmo, se ele não servisse para trocar nossa mais sincera essência pelo sentimento de aprisionamento numa cela onde a periferia das aparências sobrepõe-se à essência do que realmente somos, seríamos senhores da nossa existência, e não escravos das influências exógenas e dos seus padrões sociais e, com efeito, nem sempre nos integraríamos às vibrações que ordenam o funcionamento perfeito do Universo. Uma pena, porque talvez assim, vivendo mais profundamente a nossa essência, conhecêssemos mais facilmente o que é felicidade. Libertar-se do Ego é a maior vitória do homem. Os animais não têm ego, por isso mesmo são livres, embora instintivamente sigam as leis que coordenam a harmonia entre os seres. As crianças, até certa idade, também não têm Ego (ou o têm de maneira rudimentar). Por isso mesmo, têm sorrisos gratuitos, criatividade ilimitada e autenticidade no que pensam e falam. Também são providas de senso de autodefesa tanto fisiológicas como psicológicas. A construção do Ego acompanha o desenvolvimento do pensar. E, mais uma vez, nosso *mindset* é condicionado para pensarmos "dentro da caixa". Hoje se fala muito da importância de pensar fora da caixa, mas, para que isso aconteça, é antes preciso aprender a pensar fora do Ego, pois é aí que a criatividade e a trajetória de evolução realmente acontecem.

Na sua trajetória de expansão e contração, o Universo percorre seu destino com resiliência e assim também, de maneira holográfica, todos os seres cumprem sua jornada de evolução. Todas as vezes que qualquer ser vivente, consciente ou inconscientemente, desarmoniza-se com as ditas leis universais, provoca dentro de si lutas fúteis que se materializam como sofrimentos desnecessários que só prejudicam e retardam sua ascendência à consciência unificada. Nosso Ego, fonte de nossa sensação de poder, tanto pode favorecer nossa harmonia com as leis hígidas do Universo quanto trabalhar contra elas.

    Às vezes pensamos que sermos felizes não envolve um plano, uma organização do nosso viver. Por menos acadêmicos que sejamos, sempre existe a necessidade de um mínimo de sistematização de nossa vida para que nossas escolhas sejam bem-feitas e nossa colheita seja uma vida plena. De um campesino iletrado a um pós-doutor em qualquer área, as pessoas que conseguem, de alguma forma, sistematizar uma estrutura de pensamento e ação ou seguir uma rotina de vida estruturada na autoconsciência reflexiva parecem ter mais chance de usufruir uma vida com mais plenitude.

AGRADECIMENTOS

Ao meu filho primogênito, cuja obstinação para atingir metas me é um exemplo da importância do aprendizado constante. Ao meu caçula, que, como ninguém que tenha conhecido até hoje, é uma sublime amostra diária da simplicidade e do amor como os melhores combustíveis para a dedicação. À minha querida esposa que, comigo há quatro décadas, vem sendo uma inspiração para aplicar na família todos os conhecimentos que venho adquirindo. Aos meus queridos pais, fonte original do meu compromisso para com a defesa do bom caráter como célula mater da construção de um mundo melhor. A todos os meus alunos que, nesta longa estrada que venho percorrendo como educador, têm me ensinado mais do que aprendido comigo. Ao meu Pai Celestial, pela herança que me transferiu ao me criar como alma missionária na educação.

CAPÍTULO 1

O DESPERTAR

"Desperta! Desperta! Oh, tu, que dormes na terra das sombras, acorda! Expande-te! Estou em ti e estás em mim, em mútuo amor divinal (...)".

William Blake

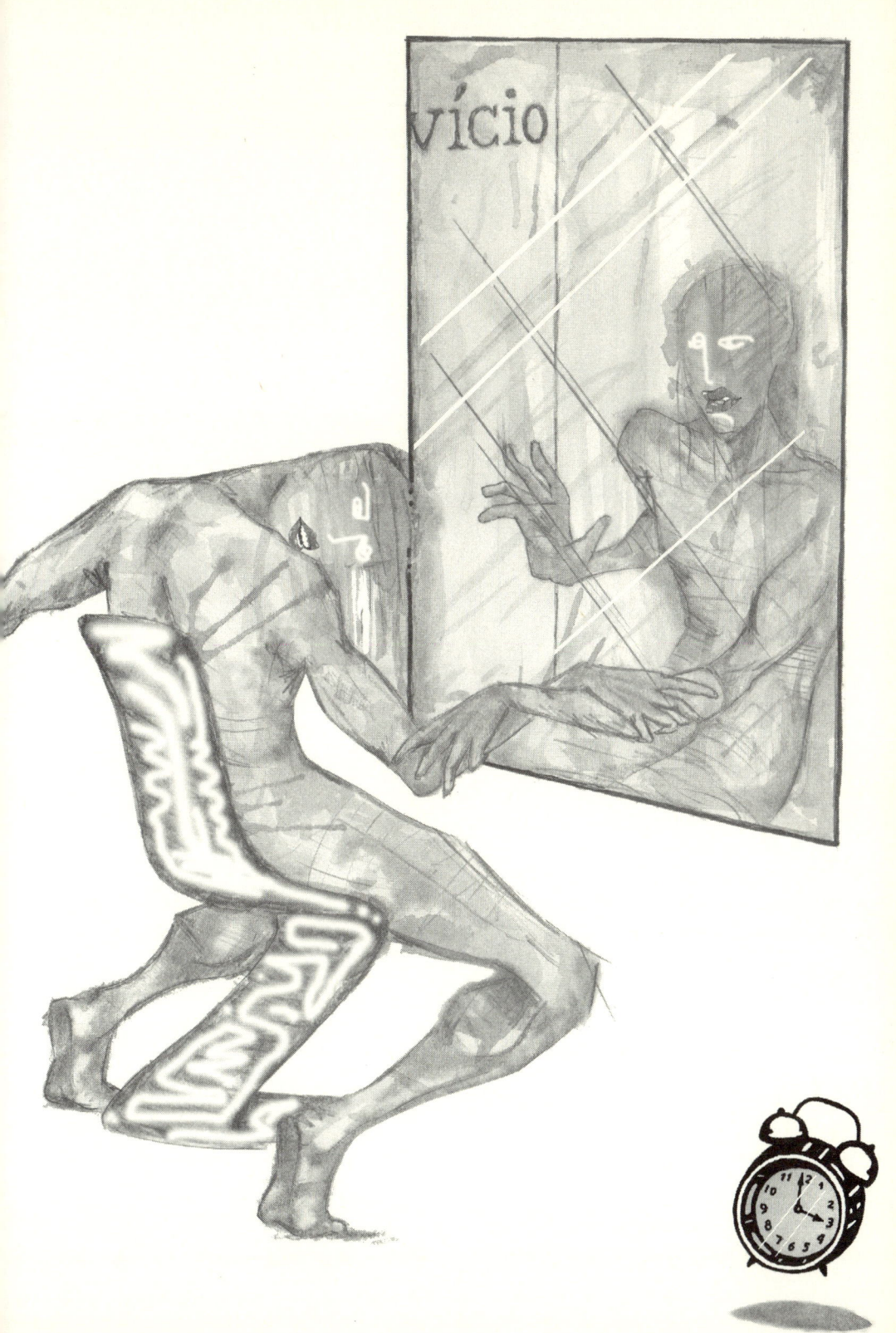

1

Naquela sexta-feira acordei às 6h30min. como de costume, um pouco de espreguiçamento e a vontade de ficar mais aqueles sagrados dez minutinhos na cama. Mas outra ordem bem mais forte ditou uma nova regra. Sentir conscientemente o batimento cardíaco já incomoda, senti-lo desregrado, mais ainda. Era agosto de 2006, dia 26. Ainda sob o êxtase das emoções sentidas três dias antes quando recebera o título de cidadão do município onde resido desde os 12 anos, as preocupações de mais um dia de trabalho na escola, como a aula que teria de dar logo no início da manhã, me fizeram sair da cama mais rápido que o normal. Um pouco triste por não poder fazer a caminhada pela beira da praia e ao mesmo tempo aliviado pelo sacrifício que representa o início do processo, lembrei-me também de que naquela manhã, coincidentemente, antes do trabalho, teria de receber exames hematológicos para ir visitar meu cardiologista mais tarde. Banheiro, escovação de dentes, troca de roupas, etc., tudo sem pensar muito, porque sentia a arritmia intensificar rapidamente. Dei uma olhada em minha amada esposa, que dormia serenamente, e pensei duas vezes antes de acordá-la para dizer: "Não estou me sentindo bem, vou buscar meus exames e vou ao médico". Ela aconselhou: "Acorde um dos meninos, não vá sozinho", sugestão que desobedeci, o que não é costume de minha parte. Os detalhes que se seguiram não são importantes, pois só fui me dar conta do que estava realmente acontecendo quando acordei vendo as luzes do teto de um corredor passarem rapidamente como um filme apresentado em velocidade rápida. Depois ouvi vozes atrás de minha cabeça ordenando que a maca fosse movida com mais rapidez. Olho para o lado e vejo meu primogênito segurando minha mão e dizendo: "Calma pai! Tudo vai dar certo". Quando acordei novamente, estava cercado de aparelhos, ouvindo *bips* e o som de minha respiração amplificado por um tubo derivado de dois canudos introduzidos nas narinas. Estava na UTI de um hospital, com eletrodos grudados no peito, no pulso e na perna. Minhas sístoles e minhas diástoles estavam sendo monitoradas. Soube depois que os batimentos chegaram a 250 por minuto, contrários aos 60/80 normais. Não era uma simples taquicardia, mas sim a temível fibrilação atrial, ou FA como a chamam os médicos. Soube também que nem é mais considerado um tipo de batimento cardíaco, mas uma tremedeira do coração cujos riscos decorrentes podem ser trombose ou embolias, processos perigosos para a circulação, uma vez que podem interromper fluxos sanguíneos importantes para a fisiologia da circulação. Após várias e frustradas tentativas medicamentosas, agora já injetadas intravenosamente, o médico de plantão veio conversar comigo. Disse que, se a tal FA não cessasse até o amanhecer, teria de usar de metodologia mais agressiva, pois não se pode passar mais de 24 horas com fibrilação atrial em razão do risco das decorrências citadas. A técnica chama-se cardioversão, que em linguagem mais popular é chamada de choque elétrico no peito. Assustei-me porque, embora já conhecesse o processo (alguém de minha família já havia passado por ele), um choque elétrico é sempre assustador. O susto maior veio quando soube ainda naquela noite que na verdade a função do choque é "resetar" o coração, como se faz com um computador quando trava. E assim como ocorre com o computador, é preciso desligar o coração totalmente para realizar a operação. Em outras palavras, os médicos iriam simular uma parada cardíaca para que pudessem aplicar o choque. Meu estado psicológico era o pior possível, pois medo de morrer todos têm, e eu, mesmo com todos os investimentos em desenvolvimento espiritual, não sou exceção. Os remédios que me deram para dormir perderam o efeito, e meu aparente estado de torpor simplesmente desapareceu. Os *bips* do osciloscópio cardíaco e o olhar de minha irmã, uma das médicas da família, presenciaram meu pavor. Às vezes quando o medo chega ao seu ápice, transforma-se em lucidez. É o lado bom do medo: quando não cega, nos traz lucidez e estado de alerta. É a busca pela sobrevivência. Vemos cenas de nossa vida passarem rapidamente, e como em um *flashback* nos damos conta de percepções que jamais nos chegariam tão claras, como, por exemplo, os questionamentos: O que estou fazendo da minha vida? O que fiz e o que faço valem a pena? Que contribuição tenho para com este estado em que me encontro? De onde vem todo esse sofrimento? Que comportamentos e atitudes eu tive em minha vida até agora que me levaram a chegar a esse estado? Que valores e crenças vivi e legitimei até hoje? Por que, embora ocorrências similares já tivessem ocorrido antes comigo e com pessoas próximas a mim e eu já tivesse prometido que corrigiria os meus comportamentos danosos à minha saúde, ainda assim sempre caía nos mesmos hábitos de trabalhar mais como um fim do que como um meio? Por que me deixava sempre invadir pelo fantasma das preocupações que eu sempre soube que, além de nada resolverem, só pioravam as coisas e me adoeciam? Não! Tinha de haver alguma coisa que agia em detrimento de minha consciência maior, levando-me a trair a mim mesmo nas atitudes impensadas, nos rompantes e nos impulsos advindos de uma mente inquieta! Naquela altura da vida já havia lido sobre o Eu Superior e já sabia que a gente hospeda uma outra personalidade diferente da nossa essência verdadeira. Só não sabia que era tão forte e poderoso o seu componente chamado Ego. Só não sabia que essa identidade seria capaz de nos escravizar a ponto de nos fazer abafar e sabotar energias que só são evidentes quando descobrimos que nossos mais puros e intrínsecos valores espirituais, como paz, pureza, verdade, amor e poder, estão submersos. Até que ponto foi o meu Eu verdadeiro que me trouxe aqui e até que ponto o meu Ego é responsável por tudo isso?

    Saía das reflexões sobre o meu Eu e voltava a encarar a análise da minha noite naquela cama de hospital. Eu sabia que meu caso não era tão sério assim, mas todas as vezes que a gente se encontra em uma UTI, por mais simples que seja a enfermidade, sempre se pensa no pior, ainda mais vendo e ouvindo outros doentes lamuriarem ao lado, que é o que acontece quando se está na UTI. A coisa fica pior quando se sabe que alguém da maca ao lado saiu encoberto com o lençol dos pés ao rosto. Nessas horas a gente pensa em uma das máximas de George Bernard Shaw: "A maioria das pessoas vai para suas covas com suas músicas ainda dentro de si"! Lembrei-me também de que a literatura tem colecionado uma série de lamentações das pessoas que, quando estão partindo, ainda lúcidas, confessam aos seus médicos alguns dos seus arrependimentos: "Eu gostaria de ter tido a coragem para viver a vida sendo sincero comigo mesmo; Eu gostaria de não ter trabalhado tanto; Eu gostaria de ter tido a coragem de expressar meus sentimentos; Eu gostaria de ter mantido mais contato com os meus amigos; Eu gostaria de ter ouvido mais o meu coração, de seguir minhas intuições mais simples e mais verdadeiras, de ter vivido minha vida, e não a que os outros sempre esperavam que eu vivesse; Eu gostaria de ter me permitido ser mais feliz". Adianto que mais à frente veremos como transformar esses arrependimentos e lições para viver mais plenamente. Vamos tratar da ressignificação do que nos aconteceu e aprender a ter coragem para mudar nosso *mindset* (atitude mental).

Nessas horas a gente vê os diversos sinais que a vida nos deu para que não chegássemos àquele momento naquela situação. Vi tantos sofrimentos porque me fiz passar desnecessariamente, vi quantas vezes não agi com o meu eu superior, mas com o venenoso ego que me inebriou com a vaidade da imagem que construí. Lembrei-me da história do sapo, ou de qualquer batráquio, que, ao estar dentro de um recipiente com água fria no fogo, não consegue perceber a tempo a mudança de temperatura para mais graus acima do que suporta e, quando finalmente consegue senti-la, não consegue mais pular fora do recipiente, pois seus músculos são mais lentos que sua mente. Fato ou apenas uma metáfora, a verdade é que vi que muitas vezes somos como os sapos, ou seja, as coisas estão acontecendo, mas não as estamos percebendo, e, quando tomamos consciência delas, às vezes é tarde demais. Nossos filhos crescem antes que notemos, criamos barriga flácida na mesma velocidade em que não notamos, nossos cabelos brancos nascem durante 24 horas todos os dias, mas só os notamos quando gostaríamos que eles não estivessem por lá, sem percebermos que tudo é só ilusão, pois o tempo não se move, a natureza acontece acompanhando ciclos de vida e morte numa sinfonia harmoniosa.

"Se você pensar bem, o tempo fica, e é você quem

passa. Como cada ciclo toma o seu tempo, o ideal é aprender a contemplar melhor seus contornos"

(Vida Simples, abril de 2015).

O que acontece é que não estamos prestando atenção no aqui e no agora. Não estamos olhando para os lados, só para frente ou para trás (e, na maioria das vezes, melancolicamente no passado ou ilusoriamente no futuro). Um de meus gurus, o médico e escritor Augusto Cury diz que "intoxicamos o presente com as dores do passado e 'ansiolizamos' (termo nosso) o presente com as dúvidas do futuro". Somos preenchidos de expectativas ou de preocupações quando nossa mente está focada no futuro e, quando esta se desloca para o passado, podemos sentir saudade, culpa ou arrependimentos. É bom lembrar aqui a magistral citação de Richard Moss:

> "A verdadeira maestria é a capacidade de permanecer totalmente no presente com qualquer coisa que a vida nos apresente porque confiamos em quem somos".

Mas, continuando a descrição do drama daquela noite, embora por pouco tempo tudo isso e muito mais ficasse passando em minha cabeça, ao mesmo tempo que demorava a passar pela ansiedade de ver minha situação resolvida, também transcorria com a indesejável rapidez advinda do medo do tal choque elétrico no peito que aconteceria ao amanhecer. Pensamentos assim, remorsos assim e o consequente medo de ter acordado tarde demais para ter uma vida mais plena fariam aquela noite terrível, não fosse a lembrança das meditações que aprendi quando estivera na Índia. Respirei fundo algumas vezes, fechei os olhos, rendi-me à força do movimento universal e depositei minha confiança em Deus. Quando silenciamos nossa mente, entramos no espaço vazio que existe entre os pensamentos e encontramos o nosso verdadeiro eu, acionamos nosso poder infinito de sermos filhos de Deus e, portanto, fazemos uso dos tesouros que Ele nos fez herdar: transcendemos! Impressionante a nova fase em que entrei. Uma coragem sem fim, um destemor imenso e a certeza de que o que quer que acontecesse seria bom, invadiram minha alma. Finalmente me encontrei pensando fora do Ego!

PENSANDO FORA DO EGO

Dormi e, quando acordei às 6h30min., vi à minha frente um pelotão de médicos. Nem precisava, pois era um procedimento relativamente comum, mas médicos amigos meus, avisados por minha esposa, estavam na cabeceira de minha cama quando acordei. Abri os olhos, mandei chamar meu filho mais velho e disse-lhe: "Está tudo bem, vai ficar tudo bem! Diga isso à sua mãe e ao seu irmão". Veio a anestesia, apaguei. Provocaram a parada cardíaca e literalmente me "ressuscitaram"! Acordei zonzo e calmo. Agora precisava fazer outra ressurreição: meu renascimento mental, espiritual. Mudar meu modo e meu estilo de vida. Então prometi a mim mesmo: "Nunca mais passarei por isso!" Pensei, prometi, quase jurei. Tive alta hospitalar dois dias depois. Voltei para casa e por recomendação médica fiquei em repouso por uma semana. Decidi fazer mais exames e fui a São Paulo. Passei por especialistas, refiz exames, tive variações de pressão, e o coração ainda ficou meio descompassado por três meses, o que foi ótimo, pois me fez relembrar minhas promessas de mudança. Só que eu não fazia ideia real de quão difícil seria mudar. Vi que a mudança verdadeira é difícil porque existe algo que sempre nos atrai para o superficial e nos afasta da nossa verdadeira identidade. Esse algo é a capa com que nosso útero social nos vestiu, fazendo-nos acreditar que somos tudo, menos a nossa verdadeira essência.

Foi a partir daí que despertei para o fato de que meu Ego não sou eu, meu Ego é o meu falso Eu. E, se eu desejo me encontrar com o meu verdadeiro caminho de evolução, tenho de buscar conversar com o meu verdadeiro Eu, e não com o meu Ego, que, constituindo-se no meu falso Eu, com certeza me levará a destinos outros de sofrimentos desnecessários e de fraqueza espiritual. Hoje vejo que, tão importante quanto "pensar fora da caixa", é fundamental aprendermos (ou reaprendermos) a pensar fora do Ego.

Jiddu Krishnamurti, filósofo, escritor e educador indiano, elegeu os 12 sintomas de um possível despertar de consciência:

1. Uma tendência crescente de deixar as coisas acontecerem ao invés de tentar controlá-las;
2. Ataques frequentes de alegria, sorrisos sem explicação e explosões de risos a qualquer momento;
3. Sensações de estar intimamente conectado aos outros;

e à natureza;
4. Episódios frequentes de apreciação e admiração das coisas simples;
5. Uma tendência em pensar e agir espontaneamente com amor, no lugar do medo baseado na experiência passada;
6. Uma nítida habilidade de viver cada momento;
7. Uma perda da habilidade de se preocupar;
8. Uma perda do desejo por conflito;
9. Uma perda de interesse por tomar as coisas como pessoais;
10. Uma perda de apetite em julgar o outro;
11. Uma perda de interesse em julgar a si mesmo;
12. Uma inclinação em dar sem esperar nada em troca.

CAPÍTULO 2

O CUIDAR

"Quem cuida ama".

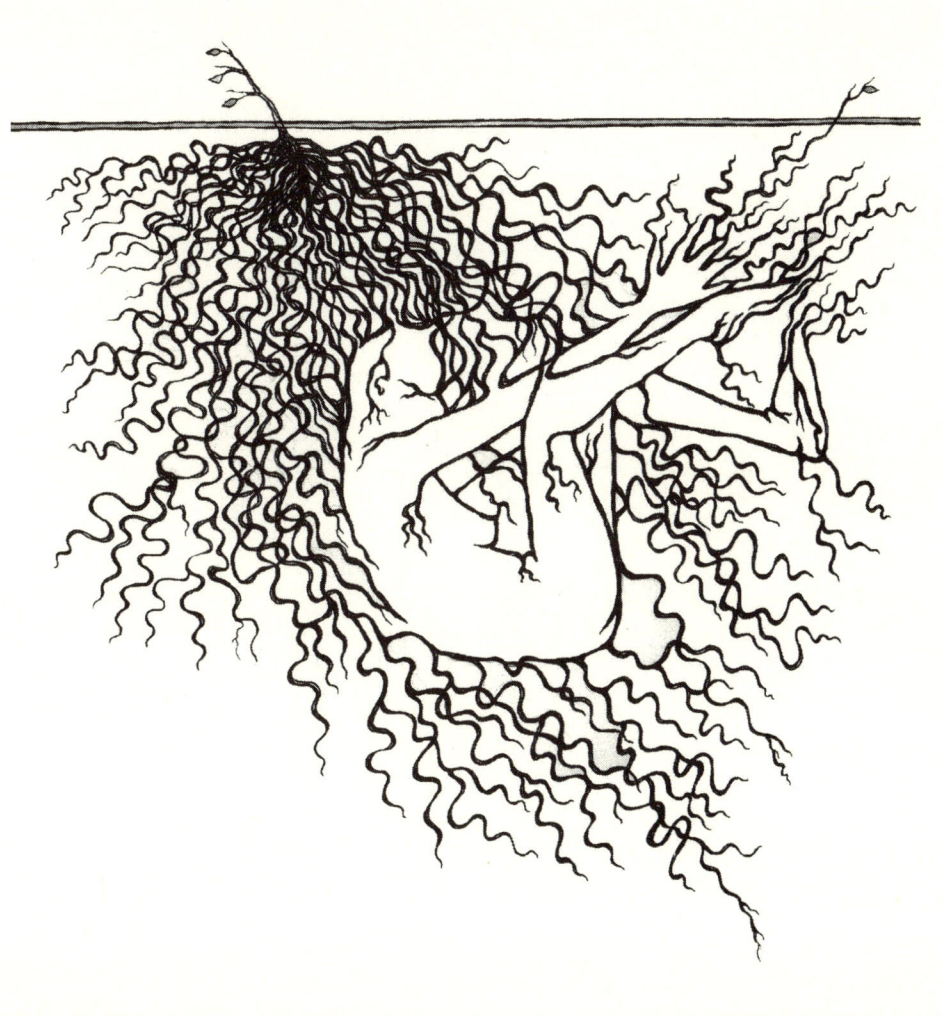

2

"Senhores passageiros: Sejam bem-vindos ao voo JGC3567 da nossa companhia aérea. Pedimos sua atenção para os procedimentos de preparação para decolagem. Por favor, queiram puxar o encosto dos seus assentos para a posição vertical, apertar os cintos e desligar todos os seus equipamentos eletrônicos mesmo os que têm modo avião. Assegurem-se de que suas mesas estejam recolhidas e travadas e não fumem. Se durante o voo ocorrer despressurização súbita da cabine, máscaras individuais cairão sob suas cabeças. Puxem para si a mais próxima, ajuste o elástico em volta da cabeça e respirem normalmente. Se ao seu lado houver alguma criança ou idoso, assegurem-se de pôr a máscara primeiro em você e depois em quem precisar de ajuda."

Confesso que a primeira vez que ouvi essa instrução fiquei sem entender direito e até senti certa indignação. Pensei: "Puxa! Como se pode defender tanto egoísmo! Primeiro, 'cuide de você' e depois é que deve pensar nos outros!". Achei isso de um egoísmo sem tamanho! Somente depois, refletindo melhor, é que percebi que, se eu não estiver respirando, como poderei ajudar os outros? A conclusão, à primeira vista, pode parecer simplória, pois é quase óbvio que a ideia da instrução da aviação não seria mesmo de uma postura egocêntrica e individualista, mas o que se seguiu à minha análise não foi somente que temos de ajudar os outros se estamos em condição para tal. Então segui minha reflexão de que somos mestres em pensar que somos exímios conhecedores dos outros, que podemos guiá-los e controlá-los, e nos esquecemos de que nem a nós mesmos nos conhecemos tão bem e muito menos podemos nos controlar tão bem quanto imaginamos poder controlar os outros. As decorrências da reflexão de ajudar primeiro a si e depois aos outros continuam, por isso, segue-se a pergunta: O que tenho feito para estar bem? Alimento meu Eu verdadeiro tanto quanto o meu Ego? Esmero-me para me educar emocionalmente, para mergulhar mais profundamente em minha dimensão espiritual, acompanho com atenção e dedicação minha maturação nas relações intra e interpessoais? Dedico-me ao meu plano de melhoria contínua tanto quanto cuido dos meus bens materiais? Se prestarmos bem atenção, veremos que dificilmente deixamos de trocar o óleo do motor do nosso carro nas datas regulares, raramente deixamos de renovar nosso estoque de roupas ou de mandar pintar nossa casa em períodos sistemáticos. Minha aparência física? Quão regularmente vou ao cabeleireiro, à manicure e ao dentista para o embranquecimento dos dentes? Quão preocupado me mantenho para com a retirada de minhas rugas para esconder minha velhice física, que avança inexoravelmente a despeito dos avanços da medicina? Nada contra o cuidado que devemos ter com a aparência, pois essa é parte indivisível da essência, é um lado importante da moeda. O problema é a primazia que damos ao que é periférico em detrimento do que é âmago. Quem somos nós realmente? Somos o que queremos aparentar ou o que escondemos por trás do nosso ego?

Uma vez entendido que nossa identidade real é a parte que não se vê, não se toca nem se cheira, mas o que há de mais interior dentro de nós ("O essencial é invisível aos olhos" – O Pequeno Príncipe), faz bastante sentido que seja por lá que nossos maiores investimentos devam sempre começar.

Todos conhecemos a romântica brincadeira dos apaixonados quando anseiam para que a última pétala seja a do bem-me-quer, na verdade a pétala do "alguém bem me quer". Imagine-se retirando as pétalas de uma flor e perguntando ao léu se alguém bem lhe quer. Quero sugerir que faça a mesma coisa para consigo mesmo, mas, em vez de perguntar se alguém bem-lhe-quer, desfolhe a flor e a cada pétala diga a si mesmo: Bem me quero!

E o que significaria "bem me quero"? Não significa nada mais do que o fato de que não posso esperar que coisas ruins me aconteçam para que eu decida me cuidar. Preciso me bem-querer. E "me bem-querer" vai além do me cuidar da matéria que me compõe. Os elementos químicos que nos compõem não valem mais que seis dólares em qualquer farmácia. Mas o que nos tornamos em mente e espírito não tem preço. Mesmo assim gastamos imensuravelmente mais com os cuidados dessa matéria do que com o que realmente somos: a nossa psique. Vejo com alegria que há muita gente, cada vez mais, se cuidando. Vejo pessoas em suas caminhadas matinais; vejo a indústria de alimentos orgânicos crescer e a do cigarro sucumbir; vejo a multiplicação das mais variadas formas de dieta serem divulgadas, assim como vejo o turismo ecológico em alta. Mas, infelizmente, isso não basta. Além de cuidar do ecossistema, deveríamos prestar mais atenção ao "Ego-sistema"! Na verdade, está longe de bastar, pois, apesar das boas intenções e do suor derramado nas academias, ainda se cuida mais (ou só se cuida) do somático! A saúde mental, e mais profundamente, as saúdes emocional e espiritual ainda continuam em segundo plano, e isso é incongruente, pois essas é que pilotam o resto do nosso fluir fisiológico. Em outras palavras, não adianta estar com o colesterol e os triglicérides baixos se a ansiedade está alta. Não significa muita coisa estar dentro dos limites do peso ideal se nossa maneira de ver e viver a vida está raivosa, pessimista, tensa e infeliz.

"Bem me quero" significa que valorizo, no pensamento e na prática, o meu maior ativo: o "eu" como espírito! Decididamente não tenho uma alma: sou uma alma! Meu corpo é apenas uma roupa que uso e que deve também ser cuidada, mas é sempre melhor ter tomado um bom banho e vestir uma roupa suja do que estar imundo e vestir uma roupa bem lavada. Não é de hoje que se fala e se denuncia a famosa inversão de valores do nosso tempo. Na verdade, ultimamente tem circulado que não é apenas uma inversão, mas uma verdadeira falta de valores. Há uma crônica de Victor Hugo que diz que todo dia deveríamos pegar e olhar para uma cédula de dinheiro e dizer a ela: "Dinheiro, você é meu!". Diz que deveríamos repetir outras duas ou três vezes, com a voz cada vez mais alta, pois "pelo menos ali fica claro quem é dono de quem". Acho que a metáfora deveria ser estendida para "carro, você é meu"; "casa, você é minha", "diploma, você é meu", etc. Urge saber nos relacionar com o que faz parte de nossa vida como instrumentos para sermos e fazermos a felicidade, e não para nos alimentar a ilusória sensação de posse. Quem pensa que somos donos de algo, e às vezes até de alguém, é o Ego, não o Eu superior. Este, lá no fundo, sabe que nem nossa vida nos pertence. Ela pertence a Quem nos criou e ela tem um propósito por Ele desenhado. Diz-se que a gente faz nossos planos, e Deus sorri! Ou seja, por mais que tenhamos o livre-arbítrio de participar conscientemente do desempenho do cumprimento de nossa missão como humanos aqui na terra, é a Ele, em última instância, que pertence o nosso destino.

Diariamente a vida nos mostra quão incompletos somos. Presenciamos nossas imperfeições repetidas vezes e, infelizmente, muitas vezes, somente quando é tarde demais nos damos conta de que vivemos o inverso do que deveríamos se tivéssemos a disciplina de ter atitudes condizentes com o que nos diz nossas intuições mais profundas, aquelas ditadas pela luz do Eu, que está harmonizado com o Universo. E é essa inversão que nos leva à infelicidade. Nem sempre nos damos conta de que há sim outra vida que se pode levar, mas às vezes sentimos que, apesar de perceber muitas evidências, internalizamos pouquíssimas aprendizagens, que são as transformadas em parcas atitudes. Há um pensamento de uma tribo indígena que diz que "somente quando o homem descobrir que não se come dinheiro é que vai parar de destruir a natureza em nome da riqueza material". Em outras palavras, entendo que a máxima nos convida a trocar dinheiro por um sentido de vida.

É como se estivéssemos preocupados somente em satisfazer outra pessoa que não nós. Há outra identidade que vive em nós, mas que não é o nosso EU verdadeiro. Estamos falando do Ego, essa identidade que tem sua função comprometida em nos fazer sentir que temos poder. E a busca pelo poder é a ambição mais danosa para um Eu sadio. Muita gente pensa que o dinheiro é a maior busca material do ser humano. Eu diria que não. É o poder, advindo do dinheiro, que faz dos homens, especialmente os hodiernos, escravos de cargos políticos, postos empresariais ou títulos acadêmicos ou institucionais.

Deveríamos ser soberanos ao nosso ego, mas, em vez disso, ele nos escraviza, fazendo com que nossos desejos não sejam genuínos. A vontade natural é o querer, e o desejo do ego seria o "querer querer". Quero por causa de um impulso que não vem do meu mais profundo desejo, mas das expectativas externas, dos outros, da sociedade e dos hábitos pelos quais me deixei escravizar. Tenho um exemplo de uma experiência pessoal: uma vez, em viagem para o exterior com alguns amigos, alugamos um carro para passear, mas nossa primeira incursão foi fazer compras num *outlet* americano. Como cada um tem seu interesse, combinamos que deveríamos nos separar para que ficássemos mais à vontade. Marcamos de nos encontrar num determinado horário no final da tarde, quando as lojas estariam fechando. E assim foi feito. Gosto de compras, sobretudo de produtos eletrônicos, mas por alguma razão naquele dia não estava com nenhuma motivação para preencher a compulsão. Visitei algumas lojas e não me animei com nada. Tomei cafezinhos, parei para almoçar e cheguei ao local do reencontro bem antes de todos. A espera foi longa, mas lá pelas 18 horas vi os primeiros companheiros chegarem. Alguns haviam comprado até malas para carregar tantas compras, outros vinham sobrecarregados de muitas sacolas, e todos, sem exceção, lastimando-se pelo cansaço, loucos por um copo com água ou para ir ao banheiro. Não tiveram tempo para essas frugalidades. Até aí, tudo bem. Cada um com seus desejos, hábitos e jeitos de ser. Mas, quando me viram sem nenhuma sacola, sem nada nas mãos, sentado relaxadamente, ficaram visivelmente surpresos. As perguntas e as exclamações quase que vieram em coro: "Cadê tuas compras? O quê?... Não compraste nada? Não acredito!" e coisas assim. Eu estava tão bem, mas, ao ouvir tantas demonstrações de incredulidade, comecei a sentir certo remorso. Aquilo foi aumentando à medida que as pessoas abriam suas sacolas e mostravam, umas às outras, suas novidades. Não me contive! Pedi a todos que me dessem alguns minutos porque iria comprar algo de que havia me esquecido. Na verdade não havia nada de que precisasse, mas me senti tão mal que inventei aquela história. Saí correndo, vendo as vitrines e tentando visualizar alguma coisa que quisesse comprar. Depois de alguns minutos, a respiração ansiosa e um sentimento de frustração me forçaram a entrar na primeira porta aberta de loja. Apressadamente vi um cinto de que gostei e pus-me numa imensa fila de final de expediente das lojas do *outlet*. À medida que a fila se arrastava, invadiam-me sentimentos paradoxais: o alívio de poder apresentar algo para os amigos e a inquietação de estar fazendo algo que definitivamente não queria fazer. A fila andou tão devagar que fui me acalmando. E, nesse estado de relaxamento, outro Eu me falou: "O que estás fazendo??? Por que estás consumindo tanta energia, desviando tanta força e comprometendo teu equilíbrio espiritual?". Faltavam três pessoas para chegar a minha vez no caixa, e a autoflagelação continuava: "Compro? – Não compro?". Ao chegar a minha vez e com vergonha de simplesmente desistir, disse à atendente: "Você aceita o cartão 'tal'?" (que eu já sabia que não aceitavam) e, ouvindo a resposta negativa, disse: "Desculpe, não vou levar"! Voltei ao local de encontro sentindo ter vencido a mim mesmo e com um grande alívio. Mas, ao chegar, a decepção dos amigos foi grande. Ninguém entendeu nada!

    No caminho de volta para o hotel, o martírio voltou: "Comprei isso, comprei aquilo, olha que lindo... Cidinho, se você estivesse comigo, teria também adquirido isso", etc. Eu apenas sorria e elogiava, mas dentro de mim a luta voltava. Como não havia mais nada a fazer, pus-me a usar o mecanismo de defesa da racionalização e dizia a mim mesmo: "Foi bom não ter comprado aquele cinto, não estou precisando mesmo!". Então outros ataques vinham: "Eu nem precisava disso, mas estava tão barato que não resisti. Se depois eu não quisesse, poderia dar de presente!". Aí eu pensava: "Por que não pensei e agi assim? Afinal, o que há de errado em comprar um simples cinto?". Agora me vieram duas lembranças de escravidão do consumismo dentre várias que presenciei quando morei em Nova York. A primeira foi ter visto na principal manchete do New York Times alguém dando um salto de alegria empunhando sua conquista: o primeiro a comprar o novo iPhone! A reportagem dizia que ele passou a noite na fila, que dobrava alguns quarteirões da 5a Avenida, e só conseguiu adquirir o aparelho lá pelas 10 horas da manhã. A outra foi ver que muito turista parava na frente de um lugar para tirar fotos. Aproximei-me e vi que não era nenhum monumento histórico, nenhuma celebridade, nem qualquer outro motivo comum para posar e registrar um momento especial durante uma viagem à *Big Apple*. Somente ao chegar mais perto é que fui ver que era simplesmente a loja da famosa bolsa Louis Vuitton. Esperei um pouco para observar mais, porque não acreditava no que estava vendo, pois podia ser uma turista com motivos pessoais para ter sua foto registrada ali. Para minha surpresa, vi que várias outras mulheres faziam o mesmo ao longo dos muitos minutos que ali fiquei.

    Vou parar aqui a novela, que continuaria, mas antes quero dar ao leitor um pequeno exemplo de tanta vida roubada por causa de um simples hábito (vício) de comprar e da força que isso pode ter em nossa vida. Alguns podem dizer que o problema foi a pressão do grupo. Penso que não! É dentro de mim que tudo isso reside. Eu criei, ou deixei criar, alimentei e "o bicho cresceu". Em Raja Yoga chama-se sanskars – os hábitos incrustados que temos e que até trazemos de outras vidas. Na medicina ocidental a coisa tem nomes e níveis diferentes. Vai de simples vício, passando por compulsão e TOC e chegando à dependência mórbida. O que acontece é que a maioria de nós perdeu o senso de suficiência. Nunca estamos satisfeitos com o que temos. Sei de um mosteiro no Tibete onde os monges são proibidos de possuir mais que 22 itens. A maioria de nós possui milhares! E só nos damos conta de que temos tanta coisa sobrando quando vamos arrumar nosso quarto ou escritório ou quando estamos de mudança. Li uma vez sobre uma tribo africana bem primitiva que usa como saudação, em seu dialeto, algo que significa "que você tenha o suficiente". Deveríamos pensar nisso! Em vez de "olá, bom dia, como vai, boas festas, boa viagem", etc., deveríamos dizer: "que você tenha o suficiente", nada mais, nada menos. O que nos falta causa carência, o que nos sobra, demência! Ficamos dementes ao não poder curtir a valorização do que precisamos. E o pior, quanto mais temos, mais vazio ficamos; ao passo que quanto maior a simplicidade da nossa vida, mais plenos nos sentimos.

Mas a verdade é que é tudo coisa da mente. Esta, que é uma faculdade da alma que deveria ser um instrumento para nosso discernimento, domínio sobre impulsos incongruentes, termina por ser nossa dona, soberana sobre nossas vontades mais profundas, que não conseguem emergir porque vivemos no piloto automático, movidos por sinapses neuronais fortalecidas a cada repetição do ato. Se, como diz a Bíblia, a verdade liberta, preciso é que nos queiramos bem, sabendo nos ouvir espiritualmente. Meditação, orações conscientes, reflexões desapaixonadas e até o simples contemplar da natureza são chaves para essa libertação.

CAPÍTULO 3

A DITADURA DO EGO

"O Ego é um iceberg. Derreta-o, derreta-o com amor profundo, para que ele desapareça, e você se torne parte do oceano."

Osho

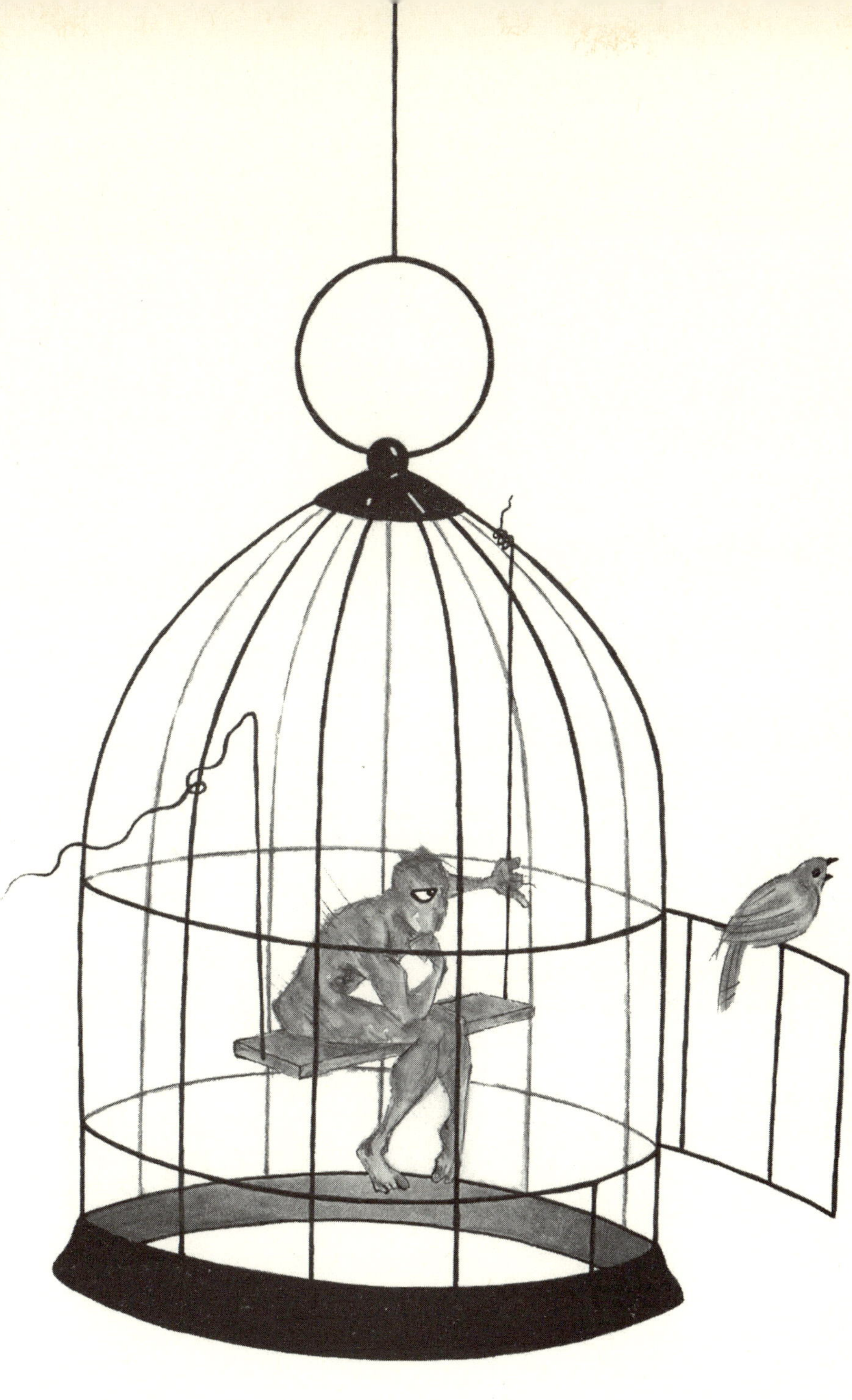

3

Uma das maiores falácias em que o ser humano, de modo geral, acredita é a de que somos separáveis uns dos outros. O sentimento separatista nasce quando nasce nosso ego. Ele nos cria a vã, e danosa, ilusão de que somos uma entidade apartada dos outros e do Universo que nos rodeia e nos expande. Criamos o "falso eu" também porque pensamos que assim podemos nos proteger ou ficarmos livres e independentes dos outros. Podemos até ter um discurso de que precisamos estar sempre unidos e de braços dados, mas, se analisarmos bem, na maioria das vezes tal união não passa de retórica. E, mesmo quando pensamos em unir, tentamos sair do individualismo para o "grupismo", ou seja, ainda assim estamos "unidos" com os outros que pertencem à mesma família, ao mesmo grupo social, regional, nacional ou mundial. Acreditamos na perspectiva de que fronteiras existem. Mas elas são apenas imaginárias. Não há como se separar nada no Universo. Todos os seres que existem são compostos de pura energia, e esta não tem bordas, somos seres compostos de átomos, de energia vibracional. O ego nada mais é do que um estágio de consciência equivocada.

O entendimento desse processo nos torna infinitamente pequenos e, ao mesmo tempo, exponencialmente grandes. Mas o que importa aqui é que, ao deparar com essa premissa, a influência negativa do nosso Ego separatista simplesmente desaparece. Tornamo-nos mais humildes ao ver que somos ínfimos, mas ao mesmo tempo entendemos que nossa existência é capaz de influenciar tudo o que nos rodeia, em escalas universais. Nessa hora podemos compreender que tudo o que pensamos, dizemos ou fazemos não são movimentos isolados e, portanto, influencia e é influenciado pelos outros movimentos. O Eu deixa de existir, dando lugar ao "nós", ao tudo. E aí somos todos e tudo Um!

Quem é você? Se apontar para um objeto, é o ser que aponta ou o que tem consciência de que está apontando? E se é o que está apontando, qual percepção tem do objeto? O que realmente vê? O objeto é visto da mesma forma por você e pelos outros? São seus olhos que veem o objeto ou são seu cérebro e seus condicionamentos sinápticos que veem? Se pensar bem, seus olhos funcionam apenas como antenas que captam a imagem do objeto. A verdadeira decodificação do que é o objeto vai ser resultado dos filtros que lhe darão vários significados e a cada um deles, dependendo do contexto em que estará vendo o objeto, fará novas ressignificações. Agora, imagine-se fechando os olhos e apontando o dedo para si mesmo e veja o que consegue enxergar. Quem está apontando o dedo e quem é o objeto? Se prestar atenção, será até capaz de se ver apontando para o objeto, mas no lugar do objeto é provável que veja um vazio. É isso que acontece quando você observa o silêncio que fica entre os pensamentos. Pois é. Esse vazio é você! Tudo o mais são imagens que você construiu de si mesmo a partir dos conceitos que os outros fizeram e ainda fazem de você: o seu falso Eu, o seu Ego!

Todos crescemos sendo doutrinados, direta ou indiretamente. Ou nos disseram explicitamente que éramos de uma maneira ou de outra e que quando crescêssemos seríamos isso ou aquilo, ou que nos comportaríamos desta ou daquela maneira. Durante nossa vida inteira, especialmente na fase infantil, passaram-nos marcantes influências em quem somos e em como nos comportaríamos mais tarde. Vejamos só o que Richard Moss nos diz:

> A doutrinação indireta ocorre à medida que absorvemos de modo subconsciente, o que é conscientemen-

te enfatizado ou demonstrado por nossos pais e por profissionais de saúde quando somos crianças – Crescemos para sermos pessoas que agradam, excelentes prestadores de serviços para as necessidades alheias e acreditamos que nossa lealdade seja uma virtude mais importante que nossas próprias necessidades. Se a revolta parece ser o melhor caminho para o desconforto, e ao mesmo tempo, obter atenção, então nos tornamos combativos e construímos nossa identidade afastando os pais.

Por tudo isso, e muito mais, crescemos nos tornando cada vez mais escravos de nós mesmos, mais especificamente do nosso Ego. Da mesma forma que existe dentro de cada um de nós uma força motivacional intrínseca capaz de nos levar à liberdade de sermos toda a potencialidade do Universo, também podemos ter nos deixado criar uma ditadura do nosso próprio Ego, fazendo com que sejamos inimigos de nós mesmos, e é por isso que nos autossabotamos de vez em quando. E quando isso acontece, não só nos condenamos aos paradigmas de nossas formas de pensar e agir, mas também interrompemos nosso caminhar evolutivo. Ditadura de nenhum tipo é bem-vinda, muito menos a ditadura que pode existir de você para você mesmo. Temos tentado acabar com as ditaduras mudando os sistemas econômicos, políticos ou sociais, mas nos esquecemos de que a verdadeira revolução deveria ser a psicológica, como defende Osho. Apesar de saber que não podemos viver sem o Ego, pois ele é nossa força de atitude, é pertinente refletir sobre as palavras de Sri Prem Baba acerca do papel desse componente de nossa personalidade:

"O Ego é o herói da jornada; ele tem uma missão, um trabalho a fazer no mundo. Mas para isso ele precisa estar vazio. Porém, primeiro ele precisa crescer e ficar forte. Ocorre um desenvolvimento pessoal. Você sente que está crescendo e expandindo, mas está em cima de um tapete vermelho. Mas quando está suficientemente grande, o tapete é puxado dos seus pés. Então você começa a encolher, até que se esvazia. E estando vazio, você está pronto para realizar sua missão, que é ser um canal puro de amor".

PENSANDO FORA DO EGO

O problema é que o Ego deve nos pertencer, e não nós a ele. Há algo bem maior e mais essencial que o Ego: o nosso Eu Superior, aquele que nos liga (ou religa) à consciência universal, e esta é o que nos provê a possibilidade de termos uma identidade individual harmônica com o todo. Ego é desarmonia e, com efeito, sofrimento. Consciência cósmica é harmonia e, portanto, sentimento de confortável e simbiótica existência.

Portanto, é sempre bom lembrar que, quando nos inclinamos a fazer algo, é preciso nos perguntar qual "Eu" está no comando. Pode ser o Eu incorporado pelos costumes, pela pressão social, pela vaidade ou simplesmente o Eu inerte, a preguiça. O Ego empanturra-se de elogios que alimentam a vaidade do portador, mas, como não nutre a alma, só enche a mente, depois a pessoa regurgita em forma de patologias. Mas pode ser também o Eu livre, o essencial. Como diferir? Escutando a si mesmo! No fundo, no fundo, todos nós temos uma intuição verdadeira do que devemos fazer; o problema é que, em razão do crescente volume de informações externas, aprendemos a depender muito mais destas do que da voz silenciosa que nos transmite tanta sabedoria. Não acredito em dúvidas existenciais. Acredito que o que queremos (como almas) é sempre muito claro, límpido e exato mesmo que seja não verbal. Nosso problema, sobretudo nesta vida hodierna em que há excesso de informação e, portanto, de influências, estamos cada vez mais sendo afastados da nossa essência de unidade com o todo. Acredito piamente que sejamos todos seres mediúnicos, telepatas e transcendentes. Quanto mais nos conectamos com o que nos deu origem, tanto mais temos habilidades divinas. Filho de peixe, peixinho é. Filho de Deus, deusinho é! O Ego, indomado, pode nos afastar de Deus. Já o Eu superior nos aproxima e nos une à força da Criação.

Livremo-nos da ditadura do Ego, pois, mais que ser importantes, o que queremos mesmo é ser felizes. Ser importante é coisa do ego, ser feliz, da alma! Quando sentirmos que algo nos empurra para pensar aquilo que não é verdadeiramente pertencente à natureza do bem, reajamos e digamos: "Sossega, Ego!". Quer um exemplo? Inveja! Quem de nós pode, em sã consciência, dizer que não a sente? Não me refiro àquele tipo de inveja (branca, como dizem), aquela que simplesmente nos faz desejar ter o que o outro tem porque é uma boa ideia para o nosso bem-estar e para o bem-estar dos outros. Refiro-me à inveja de desejar o que o outro tem só porque eu não tenho e não quero parecer menor que ninguém. Acho que todos temos os dois tipos. Para mim, a primeira é a inveja "branca", aquela que não faz mal a mim nem a ninguém. Coisa do Eu Superior! E a segunda, a que não me constrói nem constrói ninguém. Muito pelo contrário, aquela que diminui ou que torna mesquinha a minha atitude. Quantas vezes agimos de acordo com a segunda e depois nos arrependemos! Quantas vezes nos arrependemos até mesmo antes de fazer? Abaixo a ditadura do Ego! Tenhamos todos muito cuidado, pois o Ego é ardiloso e cheio de armadilhas para nos fazer sentir ou tomar atitudes que, no fundo, no fundo, não queríamos. Freud e seus "mecanismos de defesa" explica muito bem como podemos nos autossabotar ao depositar em explicações lógicas (mas nem sempre harmônicas com as leis do Universo) aquilo que, embora faça todo sentido, não é a verdade essencial. Mas é sempre bom lembrar que tais mecanismos de defesa podem funcionar muito bem para atenuar nossas atitudes nas relações interpessoais, não necessariamente para a nossa convivência intrapessoal. Em outras palavras, podemos usar um mecanismo de defesa para levar os outros a pensar que estamos lidando bem com a situação, mas não necessariamente para extirpar de nós o incômodo interno de estarmos sendo manipulados pelo Ego. Um exemplo disso pode ser a eutanásia. No início do processo de estado de coma em que alguém de quem gostamos se encontra, todo mundo é levado a se compadecer e se sacrificar para cuidar e lutar com todas as forças e recursos para que o doente seja confortado. Com o passar do tempo, vem o cansaço físico, emocional e até financeiro, e as pessoas começam a diminuir seus cuidados com o doente, até chegar ao ponto de aceitar que sejam desligados os aparelhos que o mantêm vivo, com a desculpa de que a pessoa não está vivendo, está vegetando e sofrendo, por isso é melhor que descanse de vez. Mas pode ser também a tal da racionalização freudiana por meio da qual eu explico e justifico para os outros a razão de minha escolha. Mas, se, dentro de mim, não for essa a verdadeira razão, sofrerei consideravelmente por minha escolha. Ou seja, intrapessoalmente o problema não terá sido bem resolvido.

Ao longo da história das civilizações, as tiranias ditatoriais dos regimes políticos sempre foram origem de grandes usurpações do direito de livre pensar e sempre causaram grandes genocídios. Hoje, as sociedades que das ditaduras se libertaram festejam seus avanços de evolução social e, a qualquer sinal de possibilidade de retorno ao regime de controle unilateral das sociedades, há, imediatamente, revoltas e repulsas populares. Chamamos de trogloditas, de ultrapassados e até de pré-históricos os regimes políticos ditatoriais que em pleno século XXI ainda teimam em existir. Oxalá tivéssemos a mesma intencionalidade e intensidade de luta contra a ditadura do Ego que reina em todos nós. Nossas células, órgãos e todos os sistemas de vida física dependem de um comando mental que, advindo do cérebro, repercutem em nossas ações.

Pensamos de acordo com o que cremos e agimos de acordo com o que pensamos. Se nossas crenças são obedecidas inquestionavelmente e nossas decisões são tomadas automaticamente, dirigimos nossas vidas em modo de piloto automático, o que nem sempre legitima sermos donos do nosso destino, escritores da nossa história e autores conscientes das nossas escolhas. E isto é a essência da alienação.

É muito comum questionarmos as atitudes dos outros, os costumes das sociedades, as religiões, a ciência e até a existência de Deus. É comum participarmos de manifestações populares contra este ou aquele status quo político ou econômico. Nestes tempos atuais nosso país tem levado milhões e milhões de pessoas às ruas protestando contra decisões políticas que claramente vão contra a vontade popular. Empunhamos bandeiras, criamos hinos e até agredimos fisicamente os outros. Tudo em prol da reintegração de posse da real vontade popular. Mas quantas vezes nós já duvidamos – metodicamente – de nossas crenças? Quantas vezes já nos autocriticamos e nos autocorrigimos? Quantas vezes não permitimos que uma entidade que não representa a verdadeira vontade do nosso mais íntimo Eu venha a ditar um modo de viver que, embora seja cômodo e até confortável, nem sempre nos leva à maturidade emocional e espiritual?

Precisamos olhar o que nos envolve, participar da vida manifesta e influir na qualidade material do mundo em que vivemos. Precisamos ajudar o mundo a ser a tradução do bem social e a cuidar para que a aparência seja bela e agradável, mas precisamos, antes de tudo, que a vida seja guiada de dentro para fora e que o nosso "dentro" seja o Eu consciente dos nossos deveres e dos nossos direitos com relação à evolução do homo bios para o homo sapiens.

Da mesma forma que uma única célula influencia positiva ou negativamente o funcionamento de todo o corpo, um indivíduo também assim é capaz de ser agente da construção de uma sociedade inteira. O câncer nada mais é do que uma célula que resolveu funcionar totalmente dependente de sua única vontade, sem nenhuma preocupação com a harmonia do papel que cada outra célula representa para o organismo como um todo. Mentes movidas pelo Ego criarão sociedades egoicas e competitivas. Mentes harmônicas com seus portadores individuais tenderão a criar sociedades democráticas e cooperativas. E, assim como há os cânceres individuais, podemos dizer que há muitas sociedades com tumores em avançado processo de metástases comprometendo a vida futura de seus povos e buscando curas paliativas que, longe de evitar a destruição da vida, apenas prolongam o seu doloroso sofrimento terminal.

> "É uma luta interna. A voz do Ego fala mais alto. A voz da alma sussurra. Escolha: quem é você? O interno eterno ou externo temporário?"
>
> Samuel Lemle

Mas, assim como todas as ditaduras, há sim possibilidades de mudanças e de ascensão na escala de evolução e proposição de melhor viver. Portanto, propõe-se aqui que, da mesma forma que se luta contra as ditaduras sociopolíticas, se faça uma corajosa viagem para dentro de si mesmo, analisando os ditames de Egos criados e resgatando o governo do Eu superior, nossa interface com o Criador, nossa verdadeira consciência. O Eu Superior, diferentemente do Eu Ego, é nossa identidade divina, nossa essência espiritual. Enquanto temos um Ego, o Eu Superior é que nos têm. Quanto mais nos aproximamos do Ego, o falso eu, mais nos afastamos do Eu Superior. O Ego nos liga às interpretações advindas de uma percepção seletiva falha da mente humana, ao passo que o Eu Superior nos conecta à essência pura da vida. Uma boa e autêntica oração, um tempo para o silêncio humilde, uma meditação ou até mesmo a vontade sincera de se conectar a Deus nos levam ou nos devolvem ao estado de contato com nosso Eu Superior. Nesse momento, vemos sem enxergar, escutamos sem ouvir, sentimos sem tatear e cheiramos sem o olfato. O Eu Superior não é físico nem mental. Não é visual nem linguístico. Suas respostas não nos vêm em forma de palavras nem de imagens, mas em silenciosas sensações não verbais que falam mais alto que qualquer alto-falante, pois falam da

PENSANDO FORA DO EGO

Alma Suprema para a alma que somos. Pratiquemos o contato quântico com a energia do Universo e ponhamos abaixo a ditadura do Ego!

Os 7 passos para dominar o Ego (filosofia budista)

1. Não te sintas ofendido;
2. Liberta-te da necessidade de ganhar;
3. Liberta-te da necessidade de ter razão;
4. Liberta-te da necessidade de ser superior;
5. Liberta-te da necessidade de ter mais;
6. Liberta-te da necessidade de identificar-se com teus êxitos;
7. Liberta-te da necessidade de ter fama.

CAPÍTULO 4

AUTOECOLOGIA

"Se você sofre, é para você. Se você se sente feliz, é para você. Se você se sentir contente, é por você. Ninguém mais é responsável pela forma como você se sente, só você e ninguém mais além de você. Você é o inferno e o paraíso também."

Osho

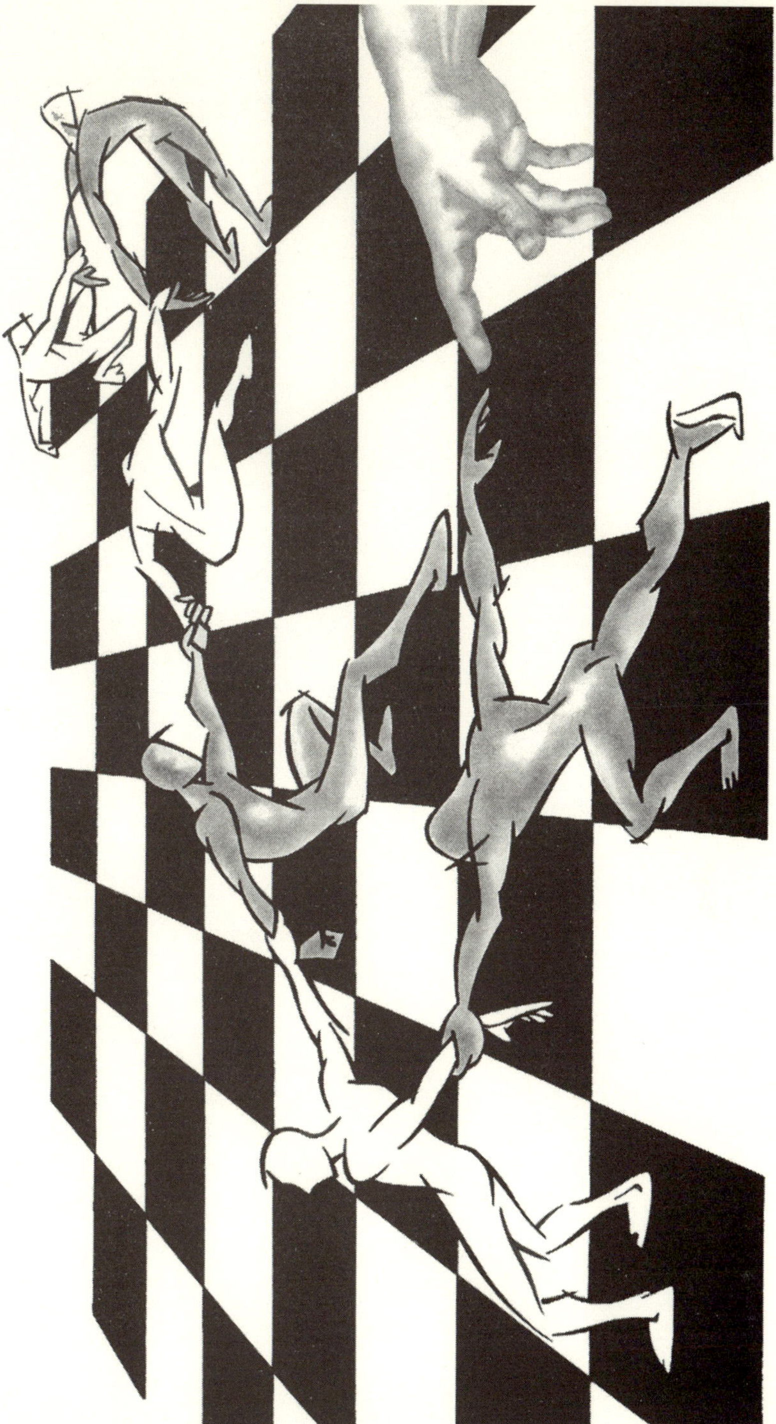

4

Fala-se muito em defesa do sistema ecológico. O Reino Unido acaba de anunciar o aumento de 1 °C na temperatura média da Terra. Estima-se que mais 3 °C submergiriam 760 milhões de lares. Falta água na cidade de São Paulo, em Minas Gerais a enxurrada de dejetos de mineração engoliu uma enormidade de vidas e sua contaminação desceu o rio Doce por dias, intoxicando terra, água e mar. Dizem os cientistas que hoje já consumimos 1/3 a mais do que a Terra pode nos dar, e tudo isso levou Elizabeth Kolbert a escrever o livro A sexta extinção. Ou seja, um Armagedon ecológico envia fortes sinais de que já começou.

Mas, apesar de todas essas e muitas outras evidências de destruição do ecossistema, todas as tentativas de diminuição de poluentes e de campanhas de preservação das condições materiais de vida sempre beiram um quase nada de resultados mais significativos. Penso que, antes da conscientização ecológica, precisamos mesmo é fazer um alerta contra o "egossistema", que é na verdade onde tudo começa. A ambição capitalista de produzir mais e fazer mais dinheiro a qualquer custo continuará a dessensibilizar o ser humano para com as responsabilidades sociais.

Tudo começa com a devoradora sede do Ego, já que esse é separatista e vaidoso por natureza. Analisemos de modo geral o que nos rodeia: letras musicais que defendem a posse do ser amado, programas de TV que nos alimentam de exemplos diários de crimes contra o bem comum; crianças sendo ensinadas desde cedo que quem é esperto leva vantagem; alimentos contaminados com agrotóxicos, que, por serem maiores e mais viçosos, nos atraem mais; medicamentos psicotrópicos que substituem a ação de autodefesa do organismo para com as doenças do corpo e da alma; pílulas da felicidade, enfim, como diz Zé Ramalho, "é muita cachaça para pouco leite".

Se observarmos bem, esses pensamentos e atitudes desarmônicos com a vida simples são todos oriundos do Ego, nunca do Eu Superior, da alma, do Eu verdadeiro. Pagamos um preço muito alto para nos capacitarmos à resiliência, pois sofrimentos são importantes, mas nem todos são necessários.

Quando estive no Japão em 1995, muitas coisas tão diferentes de nossa cultura me chamaram a atenção. Uma delas foi ver tanta gente usando máscara (de médico) pelas ruas. Naquela época isso era raríssimo aqui no Brasil. Lembro-me de ter perguntado ao meu professor na universidade do que aquilo se tratava, se era por causa da poluição ou por outra razão; ao que ele me respondeu: "É simplesmente gente gripada que não deseja que sua enfermidade contagie os outros". Outro exemplo dessa mesma linha é minha experiência quando morei nos Estados Unidos e por algumas vezes precisei tomar antibióticos. Na época, aqui no Brasil, ainda não se exigia receita médica para adquiri-los nas farmácias, mas lá isso era rotina há tempos. Mas o que interessa para o meu argumento aqui é que na farmácia que me atendia, no bairro em que morava, o farmacêutico sempre me pedia para trazer o frasco das cápsulas devidamente vazio após o uso obrigatório de tantas cápsulas por tantos dias até o fim, mesmo que a infecção fosse debelada antes do término da medicação. Lembro-me de que uma vez eu perguntei ao farmacêutico, com quem já tinha certa amizade: "E se a pessoa jogar o restante das cápsulas fora e trouxer o frasco vazio, mentindo para você?". Ao que ele respondeu: "Aí já não é problema meu!". Agora, deixe-me explicar bioquimicamente o que acontece quando você interrompe seu tratamento com antibióticos antes do tempo: as bactérias que ainda ficaram, embora enfraquecidas, ainda têm força para voltar a atacar e, encontrando o organismo sem a proteção do medicamento, não somente o nocauteiam novamente como ainda criam forças extras por terem "descoberto" como funciona o princípio ativo daquele antibiótico específico. Quando o paciente ficar bom e for novamente atacado pela mesma bactéria, o antibiótico anterior simplesmente não fará mais efeito. E o pior: se a bactéria (fortalecida) for transmitida para outrem, este também não obterá efeito positivo do citado antibiótico. Se esse efeito se espalhar epidemicamente, cria-se uma resistência geral da bactéria àquele antibiótico, e, quando isso acontece de forma continuada, pode chegar um momento em que nenhum antibiótico mais fará efeito. Hoje a medicina já fala nas "superbactérias", e alguns médicos mais contundentes dizem que isso poderia exterminar populações inteiras, como aconteceu com a gripe espanhola em 1918.

Advogo que, da mesma forma que os japoneses não se sentem no direito de contaminar os outros, nós também deveríamos nos conscientizar de que, ao não cuidar de nós mesmos, como, por exemplo, no caso dos antibióticos, enfraquecemos os outros e, portanto, estamos sendo irresponsáveis ecologicamente. E, se isso é verdade no campo concreto da física, também o é na dimensão metafísica. Nossos pensamentos e nossas energias emanadas dos nossos sentimentos também têm o poder de contagiar os outros e de serem transmitidos e recebidos por um ambiente inteiro. Se sentimos vibrações positivas, provocadas por nós mesmos ou vindas à tona originadas por nossos estados de graça, não só nos fazemos bem, mas também nos autocontagiamos, atraindo tudo que é bom, e também espalhamos isso a quem nos rodeia. E como energia não é algo somente local, é onipresente, conseguimos fazer isso pelos quatro cantos do planeta e pelo Universo. O contrário, infelizmente, também é verdadeiro: quando estamos ou ficamos tristes, desesperançados, deprimidos, enciumados, revoltados, apavorados, estressados, etc., não só atraímos negatividades para nós mesmos como também difundimos esses diabinhos (ou diabões) para os outros de nossa espécie e para todos os outros seres, posto que tudo é energia e tudo transmite e tudo recebe. Notícias ruins são tóxicas para o seu corpo. Elas constantemente disparam o sistema límbico, o local onde as emoções são recebidas e originam nossas reações. Histórias de pânico estimulam a liberação de cascatas de glicocorticoides (cortisol), e isso desregula o sistema imunológico, inibindo a liberação de hormônios do crescimento, por exemplo.

Continuando o círculo vicioso de negatividade atraindo negatividade, seu corpo pode vir a atingir o estado de estresse crônico. Altos níveis de glicocorticoides causam prejuízos à digestão e ao sistema nervoso e susceptibilidade a infecções. Outros potenciais efeitos colaterais incluem o medo, a agressão, a visão de túnel e a insensibilização. A pergunta é: Que direito tenho de me autoenfraquecer? Que direito tenho de também passar enfraquecimento para os outros?

Em Raja Yoga (método de meditação indiana), há um princípio muito poderoso: "Não receber tristeza, não passar tristeza". Nossas percepções não são neutras, a realidade se nos apresenta de forma incompleta. Nós é que lhes damos sentido. É uma questão de escolha. Alguém já disse que "os tristes acham que o vento geme, os alegres acham que ele canta". Posso ver uma turbulência de vida que me chega somente pelo seu lado ruim, assim como também posso vislumbrar que ela traz coisas boas consigo, pois nunca uma coisa tem só um lado. Se vejo uma situação somente pela negatividade, eu a potencializo e me cego para o que pode haver de bom ou, no mínimo, de lição embutida nela. Agindo assim, também não consigo enxergar saídas para o problema ou termino optando por soluções mais difíceis e com efeitos colaterais às vezes mais danosos ainda. Mas, se consigo permanecer calmo, se consigo "atravessar meu inferno com serenidade", como fazem os iogues, não somente resolvo o problema ou o enfrento de forma confiante, mas também consigo enxergar outras portas que se abrem. Dizem que as flores não nascem na primavera, mas no inverno. Na primavera elas florescem. No inverno enfrentam as dificuldades sombrias das chuvas enquanto se deixam conceber e lutam para vencer a guerra das bactérias químicas debaixo da terra para que suas sementes apodreçam para renascer. Na primavera, fortalecidas, brotam lindas e viçosas, merecedoras da luz e da energia do sol, e começam a cumprir sua missão de embelezar a natureza, atrair as abelhas e os pássaros para que estes saiam polinizando os arredores e ampliando o escopo da missão da flor, que também é ser o prenúncio dos frutos que alimentarão outros seres.

E nós, humanos, como concebemos nossas ideias, lutamos por elas e as fazemos brotar no meio social? Que energias vibratórias estou polinizando, para fora e para dentro, e que frutos eu e aqueles com quem me relaciono vamos colher? Como se diz em inglês: "What goes around comes around" (O que sai de mim volta para mim). Então, além de me autocontagiar positivamente, eu o faço de maneira ecológica em relação aos outros e ao mundo. Visitando um templo budista na Tailândia, vi escrito na entrada: "Criar méritos é a fonte da felicidade"!

Ter essa consciência gregária em nível molecular e quântico é ser maduro ecologicamente. É derrubar as barreiras do egoísmo e até do altruísmo, pois pensar somente em si é tão sem sentido quanto pensar só no outro. Há algo além desses dois conceitos que nos chama a contemplar o indicotomizável: Tudo o que faço comigo, de alguma forma, respinga no mundo; tudo o que faço pelo outro respinga em mim e tudo o que o outro faz por si e pelos outros respinga em mim. Isso é o suprassumo da solidariedade, a essência da energia única que todos somos.

CAPÍTULO 5

AUTOCONHECIMENTO

"Cada célula do seu corpo reage a cada pensamento que você tem e a cada palavra que você fala."

Louise Hay

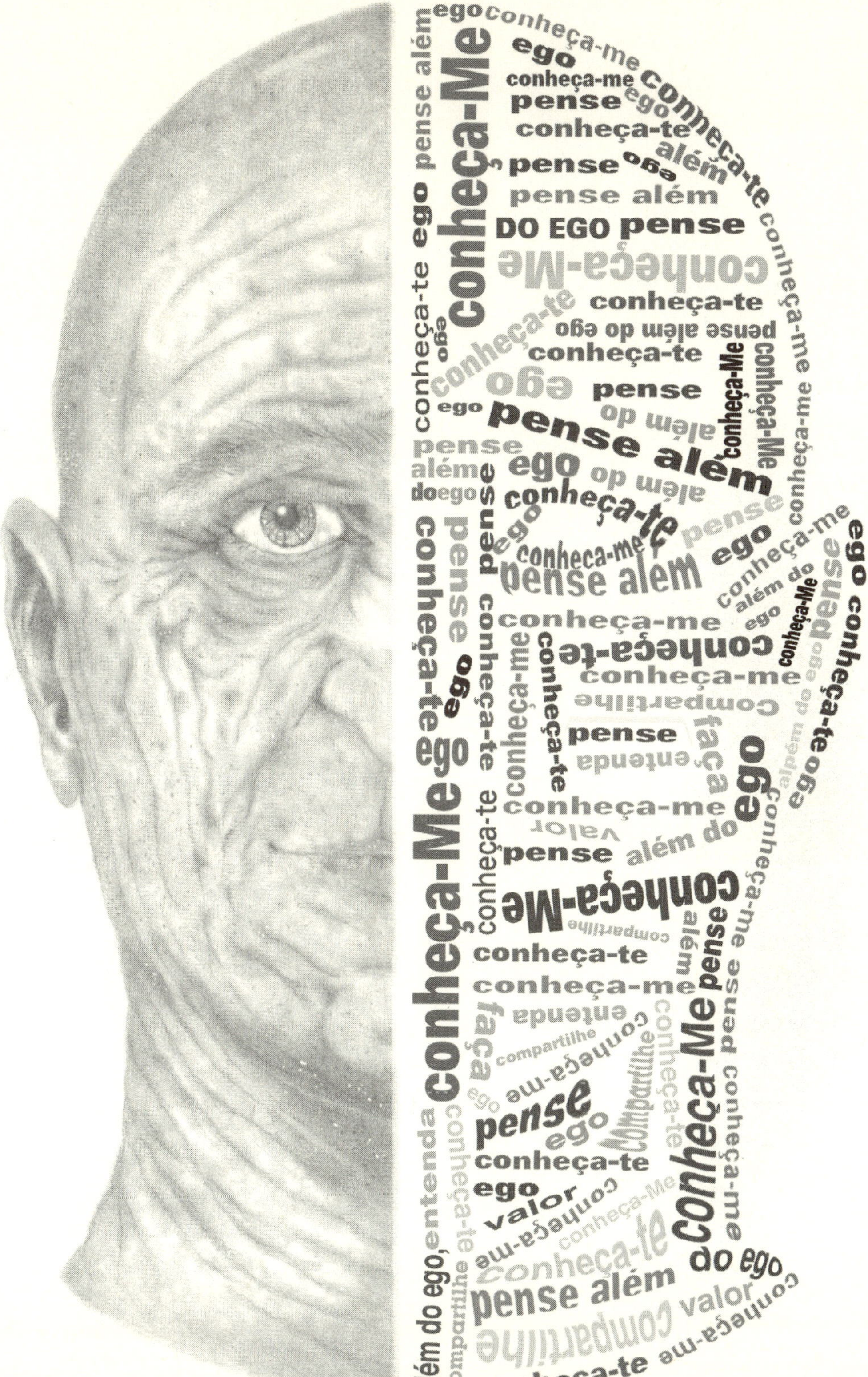

5

Conta-se que alguém perguntou a Deus: "Pai, por que não me respondes? Faço-Te tantas perguntas, e não me dás um sinal de que estás ouvindo?". Então, Deus respondeu: "E quem pensas que está te fazendo me perguntar?". Normalmente, quando alguém nos pergunta quem nós somos, é natural respondermos com nosso nome, nossa profissão, ou, se somos crianças, costumamos dizer que somos filho(a) de alguém. Na verdade, isso não responde à pergunta, pois nosso nome é apenas o registro com o qual alguém nos batizou. Quando dizemos nossa profissão, estamos falando do nosso papel institucional no teatro da vida e, quando falamos dos nossos pais, estamos apenas identificando quem nos pôs (fisicamente) neste mundo. O pior é que, além de não pensar em quem nós somos na essência, ainda nos reportamos a essas identidades de papéis mesmo quando somos nós que indagamos. Ou seja, criamos conceitos (e preconceitos) sobre nós e sobre os outros a partir da profissão, do status social, do gênero, da nacionalidade, do CPF, da etnia, etc. e, a partir daí, julgamos a nós e a essas pessoas, atribuindo-lhes valores positivos ou negativos e lastreando nossas relações intra ou interpessoais.

Ao privilegiar as formas em detrimento da estrutura interior ou à aparência em detrimento da essência, estamos legitimando a falsa identidade, a nossa e a dos outros. Também é comum nos identificarmos com nossas posses. O carro que possuímos, a casa que habitamos ou a roupa que vestimos. Talvez por isso soframos tanto quando algumas dessas posses são maltratadas. É comum não dormirmos bem se naquele dia nosso carro novo sofreu um arranhão, se uma roupa nossa foi danificada na lavanderia ou se perdemos uma caneta que custou caro, mesmo que tenhamos dinheiro para comprar outra. É como se, ao presenciar alguém arranhando nosso carro, sentíssemos que nossa pele também estivesse sendo arranhada.

Se nos comportamos de maneira a nos identificar com tudo, menos com nossa essência interior, estamos dando novamente ao Ego um poder que ele não deveria ter. E, a partir daí, uma série de consequências e sofrimentos desnecessários podem advir, como descrito anteriormente. Além do mais, também somos identificados pela maneira como pensamos, agimos e reagimos. E da mesma forma também identificamos as pessoas. É sempre bom lembrar que, embora tenhamos uma determinada tendência a responder aos estímulos dentro de uma postura mais ou menos previsível, sempre há a possibilidade de mudarmos e até surpreendermos a nós mesmos e às pessoas. Há no mercado vários testes de perfis de comportamento ou de preferências cerebrais, os quais, na maioria das vezes, funcionam para prover ao interessado informações de tendências comportamentais potenciais. Assim, a Programação Neolinguística (PNL) categoriza os cinestésicos, os visuais, os auditivos e os do diálogo interno como pessoas tendentes a privilegiar suas percepções e suas atitudes nos movimentos, no jeito como se movimentam, na visão, na audição ou na conversa silenciosa que travam consigo mesmas. Já o sistema do Eneagrama conseguiu categorizar nove tipos de pessoas distribuídas entre as classificações autoritária, generosa, perfeccionista, entre outras. O Sistema DISC, ferramenta internacional de caracterização de personalidades, distribui em estilos e motivadores as diferentes categorias de pessoas. Todos esses sistemas funcionam bem e ajudam *coaches*, educadores ou RHs do mundo inteiro nas contratações ou nas adequações de cargos de organizações, desde as empresariais até as informais, assim como na composição e na relação familiar. Porém, no sentido da verdadeira identidade espiritual (o que realmente somos), nenhum deles trabalha. Não é dos seus propósitos nem dos seus estudos. Para as relações sociais ou profissionais, tais testes podem ajudar muito, mas, para a nossa conversa conosco mesmos, o importante é questionar quanto daquilo que apresentamos para o mundo e como fazemos isso corresponde ao nosso verdadeiro Eu.

Na maioria das vezes agimos de forma totalmente automática, como se tivéssemos sido "formatados", como se fôssemos um programa em uma plataforma de informática. Sim, somos, neurologicamente falando, o resultado de nossas sinapses neuronais. Mas isso não significa que os caminhos que imprimimos em nossas ligações nervosas confirmadas e reconfirmadas repetidas vezes traduzam sempre a forma como gostaríamos de agir ou de reagir. Não é incomum nos pegarmos dizendo a nós mesmos ou aos outros: "Eu não queria agir assim" ou "odeio quando me comporto como as pessoas esperam de mim e não como gostaria de realmente me comportar!". É verdade que, se vivemos em um meio social com seus costumes e seus modelos, os quais facilitam a comunicação e a relação entre as pessoas, temos de – dentro de certo limite – aderir a certas regras. Ninguém vai querer andar vestido num campo nudista nem muito menos num ambiente em que todos estão vestidos. Mas, em contrapartida, tudo aquilo que me "desidentifica" de maneira significativa e me causa sofrimento pode ser evitado para que não alimente a personalidade do Ego em detrimento do verdadeiro Eu.

Por alguma razão, de modo geral, aprendemos e nos acostumamos muito mais a julgar os outros e as circunstâncias externas do que mergulhamos na busca do autoconhecimento, no qual encontraríamos não só nós mesmos, mas também nossas forças e nossas fraquezas. Essa atitude deveria ser uma atividade regular e frequente em nossa vida. Mas, ao contrário, vivemos nos escondendo de nós mesmos. Fugimos de qualquer oportunidade que nos faça ouvir a nós mesmos. Fugimos dos espelhos, especialmente se temos alguma coisa que não gostamos de encarar, como aqueles quilos a mais, as rugas ou quaisquer traços físicos que, se encarados, nos provocariam sentimentos de inferioridade. Então vivemos buscando razões para não parar para a contemplação de nós mesmos. Chegamos a nossa casa e, de pronto, ligamos a TV, verificamos mensagens no celular, conversamos com outras pessoas e, se nada disso bastar, terminamos procurando guarida nos soníferos, pois, ao nos deitar, desejamos mesmo é que o convite para aquela conversa com o travesseiro não nos atrapalhe o sono. E, mesmo quando estamos tentando dormir, vivemos uma verdadeira "era da solidão acompanhada", que é como traduzem os psicólogos a atual febre do exagero no uso das mídias sociais (WhatsApp, Facebook, Instagram e outros) nos aparelhos portáteis, por meio dos quais podemos – em qualquer lugar e a qualquer hora – ficar sozinhos, mas acompanhados dos *bips* do celular ou de um *tablet*. Um dia desses, num quarto de hotel onde eu dividia a hospedagem com um colega de profissão ao participarmos de um congresso de Educação, surpreendi-me quando acordei de madrugada e, no quarto escuro, vi algo fantasmagórico: um lençol como uma tenda em cima da cama, emitindo uma luz azulada. Assustei-me e tive de perguntar ao amigo o que estava acontecendo, e ele, descobrindo-se do lençol, mostrou-me o celular ligado numa navegação de Facebook! Antes, quando éramos forçados a ficar sozinhos à espera de conexão nos aeroportos ou aguardando nossa vez no consultório médico e tínhamos uma chance, mesmo que involuntária, de contemplar, refletir ou simplesmente divagar em pensamentos e mesmo sem nenhuma sistematicidade, éramos levados a nos conectar conosco mesmos. Hoje, com a popularização do celular e as inúmeras possibilidades de conexão que garantem uma estupenda conquista para a sociedade, a ânsia de estar on-line com tudo e com todos chegou até a causar uma doença: a nomofobia (medo de estar sem o celular). Só para ter ideia, em recente estatística publicada pela revista Veja, edição 2442 (de setembro de 2015), 83% dos brasileiros não abrem mão do *smartphone* no restaurante, 78% arriscam-se a usar o telefone celular enquanto dirigem e, entre os norte-americanos de 18 a 29 anos, 93% usam o aparelho para evitar o tédio. O pior é que (ainda com relação aos norte-americanos) 47% deles usam o *smartphone* para evitar as pessoas ao redor. Em outras palavras, o lado negativo da tecnologia da internet pode ser mais uma arma que usamos contra nós mesmos ao não nos dispormos a ter tempo para ouvir nosso coração. Conta-se que uma criança estava ao computador navegando na net quando, por trás, sua avó a abordou: "O que está fazendo, netinho querido?". Ao que ele respondeu: "Vovó, vem ver! Estou de frente para o mundo!". E então ouviu da avó a seguinte resposta: "Que pena! Estás de costa para mim!".

    A TV, o celular ou quaisquer outros meios de nos distanciarmos de nós mesmos não são males em si mesmos, como nada o é na vida. Na verdade, podem até funcionar como acionadores de uma reflexão produtiva.

O problema não é o que vemos ou como vemos os filmes ou checamos nossas mensagens dos WhatsApp da vida, mas as razões que nos levam a usar tais recursos. Podemos ir ao cinema para assistir a algo que nos descansa a mente, como uma comédia ou até um filme bobo, sem conteúdo. Mas também podemos fazer isso com a finalidade de perceber algo que nos acrescente algo para o nosso crescimento interior. O vídeo tem a vantagem de mostrar coisas que nunca vimos ou imaginamos, e isso é fantástico! Mas ao mesmo tempo pode nos roubar a possibilidade de alimentar nossa imaginação ou nosso pensamento crítico, pois as imagens e o encadeamento de sua amostragem "pensam" por nós. Não dá tempo de parar para pensar ou até mesmo para curtir direito. Lembro-me de que, quando vi Caçadores da Arca Perdida (de Steven Spielberg), saí do cinema extasiado e alegre por ter visto tantas cenas de aventura sequenciadas de forma que mal me deixavam recuperar o fôlego. O famoso diretor continuou com sua sequência de filmes de ação e aventura, obtendo, cada vez mais, um esplendoroso sucesso. No entanto, mesmo com tantos recordes de público, jamais – naquela sequência de filmes de ação – chegaria a ganhar um Oscar. Foi aí que, para minha surpresa, o vejo comentar que estava infeliz com tanto sucesso e que, daquele ponto em diante, não produziria mais nenhum filme em que as cenas de ação tivessem primazia sobre o conteúdo e as pausas para a reflexão – mínimas que fossem. Então ele dirigiu A Lista de Schindler, no qual quebrou todos os paradigmas cinematográficos: fez um filme em preto e branco em plena década de 1990, véspera do novo século, coisa que há muito não mais se fazia, reuniu um elenco totalmente desconhecido e acabou ganhando seu primeiro Oscar por um filme que, embora triste, provocou reflexões e deve ter ajudado muita gente em seu autodesenvolvimento emocional e filosófico. Isso também pode acontecer com as comédias, em histórias cheias de vazios ou até em certos "besteiróis", pois, como diz Fernando Pessoa, "tudo vale a pena se a alma não é pequena". Só que, de modo geral, nós, ocidentais, temos mesmo nossa alma apequenada pelas ideologias e, portanto, não procuramos crescer de dentro para fora.

    O resultado dessa alienação pode ser nos condenarmos a continuar pequenos, já que nossas crenças limitantes são capazes de dirigir tudo o que criamos. Onde está nossa atenção, estará nosso foco, e, onde este estiver, energias serão carregadas em sua direção. Cada célula do nosso organismo respira uma intenção, de acordo com o que acreditamos. Se plantamos o bem-estar verdadeiro – aquele que nos leva ao êxtase da paz interior –, colheremos uma vida mais serena, equilibrada e plena. Mas, se alimentamos nosso ego com fundamentos periféricos – como a vaidade negativa, por exemplo –, não colheremos mais do que momentos pseudoalegres e passageiros, que menos nos fazem felizes e nos iludirão provocando um círculo vicioso, em que o elogio público transforma-se no próprio objetivo de nossas ações, afastando-nos da alegria de servir em silêncio, sem esperar gratidão ou reconhecimento de ninguém, mas do Universo. De um autor desconhecido reproduzo o seguinte manifesto: "Eu sempre me sinto muito feliz, sabe por quê? Porque não espero nada de ninguém, expectativas podem machucar! A vida é curta, então ame sua vida e seja feliz e mantenha sempre um sorriso no rosto. Viva a vida para você. Antes de falar, escute. Antes de orar, perdoe. Antes de escrever, pense. Antes de magoar, sinta. Antes de odiar, ame. Antes de desistir, tente e, antes de morrer, viva!".

Autoconhecer-se é encontrar-se nos outros. É ver que minhas energias não começam nem terminam em mim e que, por isso mesmo, não existo sem o outro. Em mim reside a centelha divina de Deus no outro ser, minhas forças não se compõem só de mim, e minhas fraquezas advêm da fraqueza da humanidade. Sou responsável, mas não sou culpado. Sou vitorioso, mas não sou herói sozinho. Quando cedo ao separatismo do Ego e me comparo com os outros, individualizo-me, sentindo-me superior ou inferior; mas, quando me irmano em essência com toda a humanidade, sou um filamento da luz de Deus, e então tudo se explica e tudo se acomoda. Não sou nada sem os outros, e todos também de mim dependem quaisquer que sejam minhas atitudes e minhas ações. Quando assim penso, consigo ver quantos deveres tenho para com a humanidade e a beleza dos direitos que dela posso usufruir. Quando, todavia, me afasto dessa premissa e caio no individualismo cego, fico com os males que minha ambição desperta para ter cada vez mais, sem me importar com os meios que utilizo.

A depressão é um dos maiores males da humanidade. É a principal causa da incapacidade nos norte-americanos entre 15 e 45 anos, e prevê-se que até 2025 será a doença mais prevalente no mundo. Se você perguntar a qualquer psiquiatra, psicólogo ou outro profissional da saúde sobre a origem desse terrível mal, muito provavelmente terá como resposta que o gatilho que dispara na predisposição neurológica da depressão é a sensação de vazio que as pessoas sentem por não estarem plenas em suas relações consigo mesmas, com os outros e com o mundo. É claro que esse não é o maior, nem o único, motivo causador da depressão, pois, sendo esta uma doença de cunho neurológico, há outros condicionamentos bioquímicos que podem se desencadear, causando o estado de depressão. Mas, sem nenhuma dúvida, a falta de perspectiva de felicidade, da autoestima e da resiliência perante os momentos de tristeza da vida é fator preponderante na composição do quadro doentio.

Uma das primeiras perguntas que se faz ao Universo quando se está em meditação (método Meditação do Som Primordial de Deepak Chopra) é: O que eu quero? O que realmente eu quero? Embora o objetivo não seja receber uma resposta imediata – ou mesmo realmente obter uma resposta –, na verdade o que a técnica busca é levar o meditador a se dar a chance de se colocar em contato consigo mesmo e registrar, em forma de energia, uma questão importante: "O que eu quero" vem realmente de minha vontade mais verdadeira? Estou a desejar algo porque isso está de acordo com minha evolução espiritual dentro da harmonia do Universo ou é algo que não passa da camada do falso eu, do Ego? A grande diferença entre essas duas possibilidades de resposta é que a primeira legitima nossa missão nesta vida e, portanto, nos põe à disposição todas as forças do Universo e nos devolve o puro êxtase de viver em plenitude. O segundo tipo de resposta, além de ser fruto de uma vontade que não é necessariamente a nossa, mas a dos outros, é passageira e frugal, não tem consistência nem se sustenta e deixa sempre um rastro de vazio, de incompletude. Um jovem que segue uma determinada carreira porque é o desejo do pai ou da mãe, e não porque realmente quer, pode até se realizar na profissão, mas dificilmente será feliz ou estará em paz consigo mesmo. Isso também pode acontecer com aqueles que escolhem fazer a faculdade em razão da profissão que resulta em mais dinheiro, status social ou por conveniência a outros interesses que não emergem do seu verdadeiro eu. Isso pode acontecer na escolha do(a) parceiro(a) com quem se casar, no emprego e até na simples aquisição de um bem material.

Estar em paz consigo mesmo e com o mundo das suas relações é de fundamental importância para a felicidade. Talvez isso seja a felicidade! E não há como conquistar essa paz sem passar pelo estado de presença consigo mesmo. Conhecer-se a si e aos outros e saber administrar as relações é o pressuposto básico da inteligência emocional, ciência nova que veio de encontro às necessidades que as pessoas estão tendo para aprender a se relacionarem com o mundo de forma serena, pacífica e resiliente. O simples fato de não estarmos conversando conosco mesmos, "resetando" e limpando nossos pensamentos negativos, substituindo-os por positividades, deixa-nos muito vulneráveis a reações agressivas e automáticas. Se não fazemos essas reflexões, ficamos à mercê de crenças que nem sempre são verdadeiras ou construtivas.

Nosso Ego foi construído. Não nascemos com ele formado. O útero social, a vida que nos envolve desde que nascemos, passa-nos valores e arquétipos que pautam, consciente ou inconscientemente, nossos pensamentos e comportamentos. Dependendo da sociedade e de sua cultura, valores como "não levar desaforo pra casa" podem significar que ser pacífico é sinal de fraqueza, assim como "não deixar para amanhã o que se pode fazer hoje", e muitos outros podem nos predispor a reagir de forma inadequada em nossas relações intra e interpessoais. Numa discussão, por exemplo, os dois oponentes lutam para vencerem um ao outro. Além de não buscarem vencer nas ideias, e sim na situação inferiorizada que pretendem deixar o outro, às vezes ouvir é mais importante e calar é mais construtivo do que falar. O que acontece na maioria das vezes é o contrário. A gente tem de retrucar, mesmo não tendo o que dizer. Às vezes utilizamos recursos como a voz mais alta ou expressões amedrontadoras e até mentirosas com a finalidade de mostrar superioridade. E, depois que a discussão acaba e os ânimos se acalmam, a gente olha para trás e vê os estragos e as energias negativas e desnecessárias que se fizeram acontecer, sem nos lembrarmos de que o mais forte é o que cede, e não o contrário. Trabalho há quatro décadas com educação, e em minha experiência é muito comum ouvir de alguns pais: —Filho meu é ensinado que, se lhe baterem na escola, devem reagir com a mesma violência. Esquecem-se estes pais de que numa dessas oportunidades do "bateu, levou", o agressor pode reagir de forma mais brutal ainda, às vezes usando armas, e, dessa forma, ceifar a vida do seu filho. Não se defende aqui que as pessoas sejam covardes ou que se deixem ofender sem lutar pelo respeito que merecem, mas que reajam de forma inteligente e pacífica. Violência chama violência, e a paz chama a paz.

Talvez, excetuando-se os doentes mentais, ninguém se sinta feliz ao agredir o outro. Já viu alguma mãe demonstrando alegria ao término daquela surra no filho? Mesmo quem não é mãe ou pai, todo ser humano que souber ouvir seu coração não se sentirá bem após agredir de qualquer forma algum ser vivo. Por isso, se nossa natureza é a paz, a verdade, a pureza e o amor (como acredito), toda e qualquer reação nossa que não condiga com essa nossa identidade não deve nos levar a agir de outras formas que não sejam para legitimar tais princípios.

Então quem está agindo? O seu falso Eu, seu Ego. O que você realmente quer? Como quer, realmente, agir ou reagir? Faça-se essas perguntas em estado contemplativo, reflexivo ou meditativo e reconquiste uma identidade que você já tem e que está substituída por crenças e hábitos com os quais se deixou construir. Pensar fora do Ego nada mais é que o ato de nos levar a encarar a nós mesmos e nos levar a ter uma vida equilibrada e feliz, e isso é uma reconquista, pois todos nós nascemos com essa genética espiritual.

CAPÍTULO 6

A ESCALADA

"Os analfabetos do século 21 não serão aqueles que não sabem ler e escrever, mas aqueles que não sabem aprender, desaprender e reaprender."

Alvin Toffler

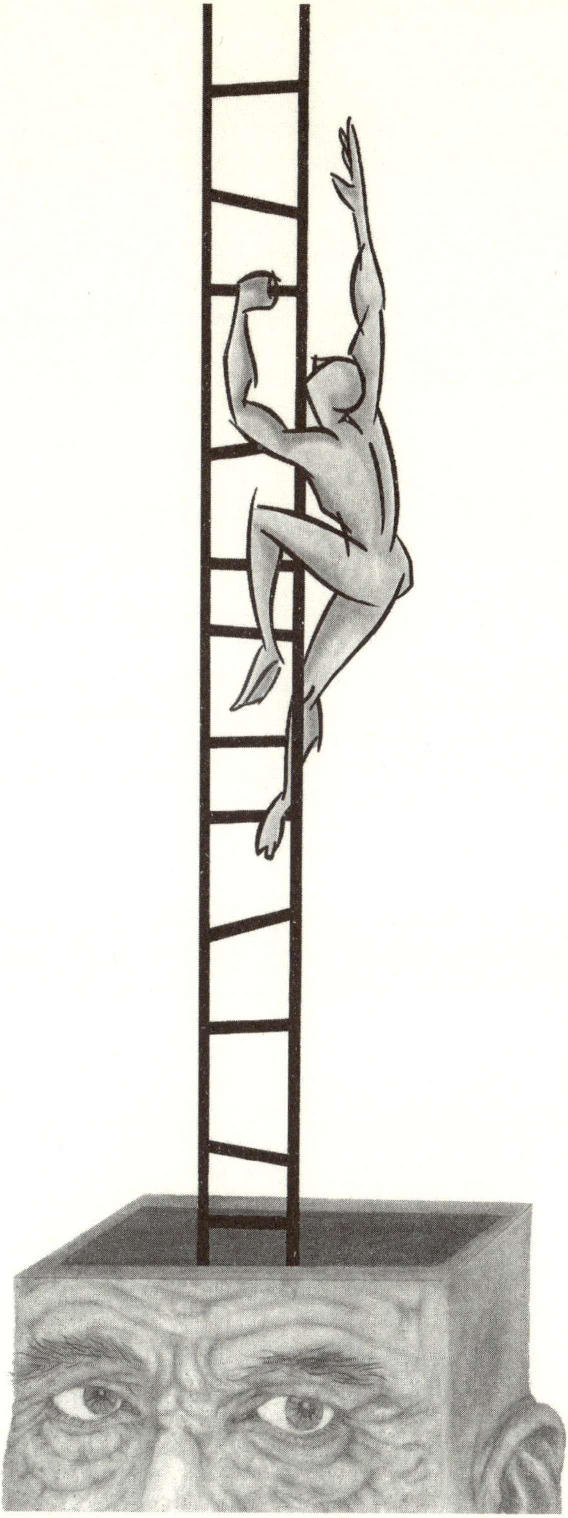

6

Escrevo este trabalho quando me encontro redimindo-me de um pecado, na sua etimologia original. A palavra pecado, no grego antigo, significava "errar o alvo", o que podemos expandir para "perder o sentido", ou a essência. Expandindo um pouco mais, podemos pensar em "desviar-se da sua rota ou missão na vida, do seu *dharma*" (propósito de vida, segundo a Raja Yoga). Pecar, então, tem a ver com sair da retidão, da linha correta de se viver. E, por favor, peço que não nos deixemos seduzir pelo clichê relativista de que "a maneira correta de viver" depende de cada um. No fundo, no fundo, todos nós sabemos o que é certo e o que é errado, independentemente da ética ou da moral em que cada sociedade está inserida. Como almas, todos nascemos com qualidades inatas, e uma delas é a verdade. Entendo que essa retidão nada mais é do que a harmonia cósmica e, em planos menores, a harmonia consigo mesmo, com os outros, com o mundo e com Deus. Saber quando estamos ou não em harmonia é um DNA espiritual que todo ser carrega. Harmonia é a solidariedade simbiótica entre os seres. Sou um instrumento numa grande orquestra regida por Deus e não sou mais nem menos que ninguém, embora nunca igual, sempre diferente, único. Quando entoo minha partitura, por mais sutil ou intensa que possa soar, componho um resultado final de sonorização agradável, embora individualmente nem sempre audível com prazer. Mas, quando não faço a minha parte, ou quando a executo desarticulada da conjunção, ou ainda quando me utilizo dos outros para que brilhar sozinho, termino "atravessando o samba" e comprometendo a melodia. É nesse sentido que talvez devêssemos todos entender o que é pecar, para que, independentemente de como as religiões, com seus dogmas, interpretem esse ato, mergulhássemos mais profundamente em sua essência e, entendendo-a de maneira mais clara, soubéssemos cuidar para não pecar.

Quando digo, então, que me encontro redimindo-me de um pecado, significa que, por um descuido, andei perdendo a minha rota, minha "Tramontina" de vida. Tramontina era o nome dado pelos antigos navegantes a uma estrela que os guiava em suas rotas marítimas. Isso acontece de vez em quando comigo e com todo mundo. A gente nunca deixa de pecar, pelo menos na experiência terrena. Mas ter consciência do pecado e aprender com ele nos diviniza, nos apruma em nosso caminho de libertação. A verdadeira liberdade consiste em entregar-se ao movimento cósmico do Universo, em render-se ao mesmo tempo que se encontra consigo mesmo. Nossas alegrias e nossos sofrimentos, quaisquer que sejam, devem ser aceitos não como maléficos ou benéficos, mas como um karma no Universo. Karma significa movimento, ritmo e ciclo da vida (ou de vidas), e é assim que ela funciona. As ondas do mar vão e vêm, o vento sopra e há calmaria, o que hoje é um "bem" para mim pode ser meu "mal" amanhã. Portanto, não é o pecado nem a virtude que nos constroem, mas o processo de redenção. Acredito que num determinado patamar de nossa vida venhamos a sair dessa dualidade, mas até lá é ele, o pecado, que através da redenção e se bem aproveitado, pode nos fazer galgar outra dimensão mais evoluída.

O que me motivou a escrever este livro com este tema não foi o fato de me encontrar "pecando" comigo mesmo ao me deixar vencer pelas forças egocêntricas mais uma vez, mas o processo de redenção que tem ficado cada vez mais radical (no sentido de ir às raízes) em minha experiência de vida. Minha redenção ultimamente tem estado muito ligada à uma autoanálise de como perco minha Tramontina, ou seja, de como me deixo sair de uma rota de comportamento positivo perante a vida e de quão difícil é a ela retornar. Chamo de postura positiva perante a vida aquela que é pautada no otimismo, na crença de que preciso plantar boas sementes para colher bons frutos e, sobretudo, a de que o mundo me trata como eu me trato e que, portanto, como diz o poeta "devo plantar meu próprio jardim ao invés de ficar esperando que me tragam flores". Sou essencialmente assim, mas quando "perco a Tramontina" e saio desta rota termino fazendo tudo ao contrário desta premissa positiva de viver: Ponho nos outros e no mundo a culpa por meus momentos de infelicidade e, em comportamento vitimista, fico aguardando a piedade dos outros em forma de gratidão ou de "massagem no ego" ao enaltecerem minhas qualidades e ao me ajudarem a transferir a causa do meu sofrimento para um mundo ingrato e injusto, em minha visão. Meus processos de redenção têm me mostrado cada vez mais que é o meu grande guia para ir me livrando de uma entidade interior das mais poderosas, perigosas e traiçoeiras que habita em nossa mente: O nosso Ego!

Individualmente somos e estamos cada vez mais egocêntricos e, como isso acontece com a maioria das pessoas, temos hoje grandes sociedades egoicas. Na verdade, vivemos num mundo em sua fase mais egoísta, visto que como nunca em nossa história se negligenciou tanto nossa mãe gaia (teoria de que a terra é um organismo vivo), nunca se destruiu tanto a vida, em todas as suas formas. Se no plano individual sofremos e provocamos sofrimentos desnecessários, no plano coletivo também vemos civilizações inteiras fingindo felicidade e entrando em colapso. O que são a crescente violência, as endemias e epidemias, a desarticulação da família, a falência da escola (em sua grande maioria) como sede da construção do saber que liberta e congrega, o "geocídio (assassinato da terra) e outras mazelas mundiais senão o resultado de um comportamento egoísta de sociedades inteiras? É que, na maioria das vezes, estamos sendo guiados pelo falso Eu, pelo Ego. Neste momento (2016) nosso país encontra-se em uma de suas piores crises econômicas, mas mesmo assim o consumismo ainda impera. As pessoas diminuem o consumo por causa da perda do poder aquisitivo, mas na cabeça e no coração delas a vontade desenfreada de consumir por consumir continua viva. Ao primeiro sinal de ganhos financeiros extras, o ímpeto de consumir sem autocrítica volta a imperar. Estatísticas recentes dão conta de que 57 milhões de brasileiros estão inadimplentes, e grande parte deles são os vencidos pela compulsão de comprar. A compulsão de consumir vem antes da do vício, pois é o impulso da ilusão, advindo do Ego, que inicia o processo. Apesar disso, creio com veemência que originalmente nascemos todos com a semente divina da paz, do amor e da harmonia e deveríamos nos desenvolver nessa direção. Mas, embora nossa inteligência "privilegiada" tenha nos habilitado a criar e idolatrar a Ciência, nosso egocentrismo nos propiciou a falta de consciência. Hoje sobra ciência, mas falta consciência. Agimos movidos por uma ditadura interior da qual nem sempre nos damos conta, pois o Ego é extremamente sutil em seu doutrinamento. É ardiloso, maquiavélico e disfarçado, como veremos em capítulos subsequentes.

No plano individual, cada um de nós precisa se voltar mais para a própria essência, anular as investidas malévolas do Ego e resgatar o plano original da vida em abundância, como disse Jesus. E no coletivo, nossas sociedades precisam acordar para a construção de uma nova era, em que o sofrimento seja apenas um vetor dialético e as alegrias voltem a ser simples, genuínas e puras. Todavia, o mundo não se mudará por si só. É na mudança individual que um novo todo se apresentará. Como dizia Gandhi: "Seja você a mudança que deseja ver no mundo". Há muito que mudar! Acordar e realizar é preciso! Vários trechos que seguem têm como objetivo explicar como nos tornamos escravos do Ego e o que fazer para que sua ditadura não nos impeça de ser mais felizes. Como diz Karel Kosik em A dialética do Concreto: "Tudo na vida traz intrinsecamente sua contradição". As ditaduras não são exceção. Um dia elas legitimam o pensamento de que as mesmas águas que sustentam seu navio também têm o poder de afundá-lo. Nosso Ego utiliza-se de nossa mente, apossa-se de nossa identidade e escraviza-nos. Porém, um Eu Superior (a consciência da consciência) pode ser usado para minar o lado escuro da força do falso Eu por cada um de nós (e por extensão, por sociedades inteiras) num novo nível de evolução.

Eu, como certamente todos os leitores deste trabalho, também tive no início de minha vida a possibilidade de treinar minha mente para que se comportasse de acordo com o que me era mais confortável para a sobrevivência, mesmo que nem sempre fosse o correto, ou seja, aquilo que combinava com minha a harmonia cósmica, como acima mencionado. O que eu trouxe de genético e o que o meio me permitiu manifestar, somados à influência dos outros, formaram minha personalidade, minha máscara nesta vida. Minha máscara não é necessariamente o que sou, mas a fantasia que uso no palco desta vida. Essa máscara não somente é o que os outros veem em mim, mas é como eu também me vejo – meu autoconceito. Minha verdadeira essência está por trás dessa máscara, escondida atrás do conceito que minha mente viciada faz de mim mesmo. Seria interessante se perguntar: Quem escuta através dos meus ouvidos? Quem olha através dos meus olhos? Nem sempre minha verdadeira vontade é a que realmente comanda minhas atitudes. Elas podem ser resultado dos impulsos que meu subconsciente dispara a partir de mecanismos de defesa que criei – mesmo sem saber – para que a vida fosse mais confortável. E, nesse sentido, é preciso pensar fora da caixa, pensar fora do Ego, pois este é preguiçoso. Utiliza-se do fato de que nosso cérebro, quando comandado por uma mente egoica, também gosta da zona de conforto. Nosso cérebro é o órgão que mais consome oxigênio, e sair da rotina sináptica à qual nossos circuitos neurais estão acostumados não lhe é confortável. Vencer o Ego é vencer a si mesmo, e o primeiro movimento em direção a essa vitória é a consciência de que nosso Eu Superior é a consciência da consciência. Lá a gente consegue ver realmente o que precisa ser feito, e não apenas o que queremos que seja feito.

Normalmente apenas em situações de extremo sofrimento é que "a ficha cai", e me dou conta de que poderia ser diferente, senão o fato, a minha maneira de reagir a ele. Segundo o budismo, o sofrimento existe, mas há como identificar suas causas e até evitá-lo por completo. O sofrimento é sempre advindo de uma percepção nossa, ou seja, ele não está lá fora, mas acontece a partir da nossa percepção. A partir dela, circuitos cerebrais enviam mensagens a glândulas, que, por sua vez, desencadeiam impulsos que nos fazem manifestar nossas reações físicas, as emoções. Se não estamos alertas ao poder das emoções, não podemos fazer o caminho de volta delas, retroalimentando outras fontes de disparos mentais, que, por sua vez, causarão outras reações químicas e daí novas emoções, numa verdadeira bola de neve, podendo chegar ao verdadeiro ápice caótico de uma cegueira atitudinal total, com possibilidade de grandes desastres de relacionamento, perda de lucidez e vazão a rompantes, dos quais, mais tarde, só guardaremos arrependimentos pelos estragos causados. E às vezes, mesmo sendo forte, o remorso por atitudes que, no fundo, no fundo, não desejávamos ter tomado e nossa máscara, a imagem que temos perante os outros, não nos permitem a coragem de deixar brotar a humildade do reconhecimento do erro. E, o que é pior, o medo de perder algum tipo de hegemonia sobre os outros nos faz racionalizar (buscar explicações lógicas, justificativas palatáveis) nossos deslizes, como, por exemplo, o pai que desrespeita o filho agredindo-o em vez de simplesmente puni-lo e depois diz: "Fiz pro seu bem", "remédio amargo é que faz bem", como se a ternura também não ensinasse.

Não há movimento sem força, sem vetores. É importante descobrir que forças nos movem, que impulsos catapultam nossos movimentos, que motivações conscientes ou inconscientes nos levam à expansão ou à retração e, sobretudo, qual é a verdadeira essência de tais forças. O Ego, por travestir-se de nosso eu (por isso também é chamado de "falso Eu"), é extremamente habilidoso em nos fazer acreditar que somos genuinamente donos dos nossos verdadeiros desejos. Na maioria das vezes, agimos crentes de que estamos fazendo exatamente o que queremos, que somos verdadeiramente livres em nossas escolhas, mas na verdade muitas vezes estamos mesmo é sendo manipulados por outras forças as quais aprendemos a obedecer por causa de carências inculcadas em tenras idades ou há qualquer tempo de nossas vidas. Estamos sempre sujeitos a ser influenciados de forma acrítica. Nossa adolescência nunca termina. O problema é que nem sempre nos lembramos de que "desaprender" é tão importante quanto aprender. E como, na fase adulta, é sempre mais difícil mudar, nossa escalada rumo à sabedoria vai ficando paradoxalmente inversa: se, por um lado, vemos as coisas mais claramente, com menos rompantes emocionais, por outro, nossos registros automáticos de memória RAM, como defende Augusto Cury nos dificultam acionar o recurso da plasticidade cerebral que nos permite mudar, formar um novo *mindset* e, com ele, originar novas crenças, pensamentos e atitudes.

Por que as pessoas têm tanto medo de envelhecer? Eu, modéstia à parte, a cada dia temo menos a velhice. O que temo mesmo é ficar velho e não atingir a sabedoria em minha mente, a elevação do meu espírito, e a escravidão manter-me preso aos grilhões de formas extemporâneas de pensar, sentir e agir. Por isso, gosto mais de minha escalada do que do meu ponto de chegada. Destino final não existe, o que existe é a desistência da caminhada ou a rotina mecânica e repetitiva imposta pela sedutora inércia do Ego, que nos traz provisórias e superficiais alegrias. Constatar que a cada dia sou mais evoluído do que posso ser, que a cada queda conquisto um levantar mais altivo e que a cada novo conhecimento descubro outras dimensões que sempre me convidam a ser humilde perante o muito que não sei, é o elixir maior que me faz acordar diariamente com a mesma disposição de um adolescente cheio de sonhos de mudar o mundo, a partir da mudança do meu mundo interior.

Li uma vez na matéria de capa da renomada revista TIME uma frase que para mim soou aterradora: "*There´s no such a thing as free will*", que significa "o livre-arbítrio não existe". Confesso que, além do susto, fiquei muito decepcionado. O artigo dizia que é ilusão pensar que você escolheu esta ou aquela roupa para vestir hoje, esta ou aquela cor, por sua livre vontade; a escolha foi feita por meio de conjunções neuronais oriundas de infinitas combinações sinápticas quer sejam de origem genética, quer sejam de inculcações psicológicas conscientes ou não. Em outras palavras, gostar ou não de tomate não pertence a uma decisão sua, mas a algo psico-orgânico que lhe "formatou" em suas experiências desde a concepção, passando pela vida intrauterina e alongando-se por tudo o que sua percepção lhe ditou. Mais recentemente a neurociência anunciou que já é possível detectar pelo computador qual será seu próximo pensamento. Dizem que, antes de algo se tornar um pensamento, já existe uma noção não verbal do pensamento linguisticamente estruturado. Se essas premissas estiverem certas, fica complicado viver sabendo que seríamos fantoches de alguém, mesmo que de Deus, pois são seus ensinamentos (interpretados pelos homens) que nos dizem que Ele nos deu o tal livre-arbítrio. Mas depois, refletindo e pesquisando melhor, cheguei à conclusão de que o que a hipótese defendia estava no âmbito da mente, da personalidade. Mais tarde, estudando meditação transcendental, vi que seus pressupostos defendem nossa identidade como sendo espiritual e que nossas vontades são derivadas de nossa harmonia com o movimento do Universo, e este está em nós da mesma forma que estamos nele. Somos influenciados por seus propósitos macro, mas em nível micro somos capazes de influir na composição de sua grande orquestra. Podemos até ser fantoches, mas de nós mesmos em conjunção com a vibração Maior. O problema é sermos fantoches do nosso Ego, pois isso é incongruente, não produz felicidade. A verdadeira liberdade consiste em estar em paz consigo mesmo espiritualmente, e isso, mais uma vez, significa ter a certeza de que o que fazemos tem ressonância sadia com os movimentos do Universo. Para fazer uma boa gestão de bem viver, preciso, antes de tudo, respeitar a lei de não pecar (no sentido que este capítulo contextualizou). Ou seja, preciso vencer as tentações da autossabotagem que me levam ou me mantêm na zona de conforto do viver fácil, do não querer carregar minha cruz condignamente. O movimento do Universo é uma conta de crédito e débito, de contração e expansão e de dar e receber.

CAPÍTULO 7

PERCEPÇÃO SELETIVA CONSCIENTE

"O valor fundamental da vida depende da percepção e do poder de contemplação em vez da mera sobrevivência."

Aristóteles

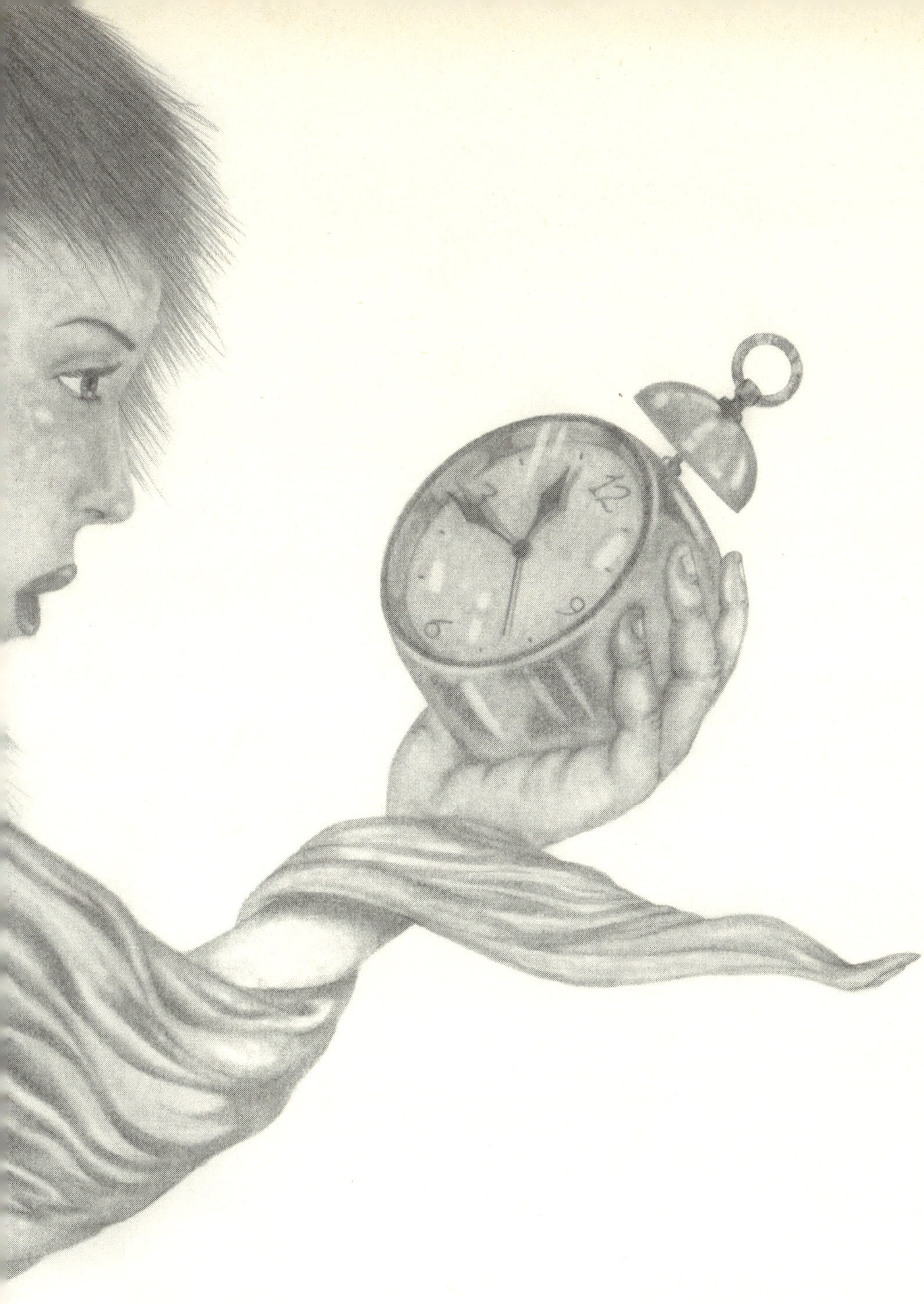

7

Zeca Baleiro é portador de uma das mais belas vozes do meu país. Como se não bastasse o ineditismo de sua voz, de tom "gripado" como alguém já definiu, é um compositor e escritor que, como poucos, encanta a plateia que o vê e o ouve com sua simplicidade divinal. Mas, apesar de tudo isso, o cantor não é dos homens mais bonitos que a gente vê por aí, pelo menos em que pese a inconsistente beleza-padrão imposta pela modelagem fisionômica das pessoas. Acho que o próprio Zeca se dá conta disso e, claro, não está nem aí para essa pequenez das pessoas que valorizam a aparência em detrimento da essência. Dei o maior dez quando soube que, em um dos seus shows ao vivo, lá pelas tantas, alguém, inebriado por sua voz e interpretação sublimes, gritou: "Lindo!!!!". Ele parou o acorde no violão, virou para a plateia e disse magistralmente: "São seus ouvidos!".

Acredito que, em tudo o que nos cerca, em tudo o que nos acontece é nossa percepção que dá realidade ao objeto, e não o contrário. Se isso é verdade, podemos sim escolher o que ver, o que ouvir, o que perceber. Nada na vida é neutro. Tudo tem dois (ou mais) lados, e todos devem ser levados em conta. Mas o foco, a atenção priorizada, somos nós, os sujeitos, que damos. Não digo que as mazelas, o gosto ruim de algum alimento, o som desagradável ou exageradamente alto de uma música ou de uma buzina de carro aos nossos ouvidos sejam facilmente ignoráveis por nossos sentidos, mas podemos também dirigir nossas atenções para outras partes além daquilo que nos chega incomodando. Um remédio ruim, de gosto amargo, pode nos alegrar na percepção de que seu efeito melhorará nossa saúde. Uma fila interminável pode nos impacientar, mas também pode ser aproveitada para que treinemos nossa paciência ou para que planejemos um trabalho que temos de fazer. Alguém que bate no nosso carro pode estar evitando que lá na frente uma batida maior acontecesse, uma desilusão com alguém ao descobrirmos que ela não era aquilo que pensávamos pode nos doer o coração, mas pode nos dar o alivio de agora sabermos com quem estávamos lidando. E como diz o Dalai Lama: "Às vezes não conseguir o que se quer é uma tremenda sorte". Ver o lado bom das coisas não significa não ligar para o negativo, não enfrentar as agruras e atravessar os caminhos desagradáveis da vida. Significa fazer o que temos de fazer sem aumentar desnecessariamente o nosso sofrimento. Sofrimentos existem, e muitos deles são necessários, mas outros não. São sentimentos potencializados de nossas dores. São as reclamações que emitimos quando não aceitamos carregar nossas cruzes com dignidade. Por que não merecemos as durezas da vida? Por que achamos que só nós sofremos? Por que achamos que a vida é injusta conosco? Sabemos, por acaso, das cruzes que os outros carregam? Aparentemente quem vive sorrindo, quem tem dinheiro e bens, quem demonstra esbanjar felicidade não tem problemas! Ledo engano! Não existe um ser humano sequer que não carregue a sua cruz! O que acontece é que muitos não deixam transparecer, porque sabem esconder, ou porque fingem, ou porque sublimam, ou ainda porque se escondem atrás de ansiolíticos, antidepressivos ou quaisquer coisas que o valham. Mas existem aqueles que, altivos, estão sempre bem, mesmo que ao seu redor o mundo esteja desmoronando. Esse é o caso dos pobres materialmente que às vezes passam fome, mas com um pouco de pão conseguem dormir bem. Quantos têm silos de grãos em casa, muito dinheiro nos bancos e precisam de soníferos? Quantos pagariam por uma noite de sono em paz?

Não defendo a pobreza ou a miséria nem condeno a riqueza material.

Apenas clamo por uma revisão de nossas percepções e pela ressignificação do que nos parece negativo, de modo a fazer nosso cérebro registrar e nosso coração sentir que sempre há o lado bom e deixar que este guie nossas atitudes. Chama-se isso de gestão da emoção, maturidade emocional. É preciso dirigir nossas atenções também para as percepções que nos fazem verdadeiramente felizes e são capazes de conceber, gestar e parir novas atitudes. Alerto para os hábitos que cultivamos e idolatramos e pelos quais nos deixamos escravizar por valorização de coisas, fatos e ideias medíocres que dão a falsa impressão de nos fazer bem. Há muito deixamos de cultivar a beleza dos momentos mágicos da vida a partir de sua magia intrínseca. Aprendemos a maquiar os objetos ou a deixar nossas lentes de contato serem treinadas para ver o belo que é tido como padrão. Nada mais ridículo, insensato e incongruente do que a idolatria do padrão da beleza física, da vaidosa celebridade da fama fabricada pela mídia, da raça ou do status socioeconômico de alguém. Isso é cultuar a aparência, o ego, a falsa identidade das pessoas. E quem assim o faz, com certeza, também assim se categoriza e se valoriza (ou se subvaloriza). O resultado é um pensamento dentro do (e preso ao) Ego.

Como se poderia padronizar a beleza? Vivemos num mundo onde não se aprende a enfrentar o sofrimento, mas a driblá-lo com drogas farmacêuticas ou ideológicas, que definem que você deve ser o que a moda dita, e ser, nesse caso, significa ser igual aos modelos estabelecidos. Nessa perspectiva, aos poucos vamos perdendo nossa identidade e, por conseguinte, nossa capacidade de percepção natural. Nascemos dotados de uma essência holográfica, na qual a verdade universal está em nós e nós nela, na qual não haveria dúvidas e na qual a intuição, acima de uma lógica racional, nos colocaria de forma telepática e simbiótica numa conjunção tão íntegra com a natureza que o êxtase seria o estado natural. Aos poucos fomos "logicizando" o pensamento, descobrindo as fórmulas das equações e transformando a mente que originalmente seria um instrumento da alma em uma entidade que dita as regras artificiais do nosso viver.

A partir do entendimento de como o pensamento funciona, especialmente com o advento da lógica aristotélica, que inequivocamente contribuiu e continua nos ajudando a aprender a pensar; passando recentemente por George Orwell (em 1984), que denunciou os perigos de uma dominação crescente das instituições sobre a identidade e a individualidade do homem; e chegando aos dias de hoje com a robótica de Isaac Asimov, que antecipa os dilemas de uma tecnologia cada vez mais presente em nossas vidas; o que se vê é que somos cada vez mais "pensados" pelos outros e cada vez menos autores dos nossos próprios pensamentos. Não há nem tempo nem espaço para digerir as informações que nos chegam. No caso do Brasil, somos uma sociedade que não lê (70,1% dos brasileiros não leem livro, segundo a Globo News). Vemos muita TV e muitos filmes. A maior parte do que vimos nas telas digitais pode até contribuir para informação e entretenimento, mas, se pensarmos bem, esses dois recursos trabalham de forma a atrofiar nossa imaginação, sobretudo a TV, pois esta tem tempo superlimitado, portanto as coisas têm de ser rápidas. Entre uma cena e outra do noticiário, a ordem é não demorar mais que seis segundos no mesmo plano. No cinema, há um pouco mais de tempo, mas os efeitos cada vez mais perto do real – que nos fazem sentir como se vivêssemos a cena – contam até com salas em que as cadeiras se movem quando há uma cena de movimento de trem; com os óculos 3D, que dão profundidade; com respingos de água quando está chovendo e até cheiro de pólvora em cenas de guerra. Até aí tudo bem, afinal, vamos ao cinema para isso mesmo, não é? É para espairecer, uns dizem até que "para esquecer a vida"... e se divertir. Tudo bem. Mas, embora o aspecto diversão seja muito bem cumprido, há, em minha opinião, efeitos colaterais: os efeitos terminam economizando a imaginação, a reflexão e, às vezes, a transmissão de algumas lições de vida, mais prováveis de acontecer na leitura dos livros.

Enfim, quem é o dono da percepção do que acontece somos nós. Nós escolhemos o que e como recebemos as informações. Longe de mim defender o alheamento à realidade, a falta de compaixão e solidariedade para com o sofrimento dos outros ou a frieza para com as coisas tristes que a vida nos traz por meio da mídia comunicativa. Só estou dizendo que podemos aumentar ou atenuar tais percepções, e, sinceramente, aumentar nunca é a melhor opção. Ainda há pouco citamos George Orwell e sua denúncia alertando para o perigo das instituições sobre o homem. É, portanto, bom lembrar que o jeito como nos comportamos é muitas vezes o resultado da ideologia do que é veiculado na mídia. O que as instituições nos dizem (família, religiões, escola, trabalho, etc.) nos é incorporado como verdades silenciosas, que, uma vez arquivadas em nossos subconscientes, transformam-se em crenças, que, por sua vez, ditam nossas atitudes, sobretudo as automáticas. Assim, tem gente que acredita que a vida é mesmo sempre um calvário e que a piedade dos outros é a maneira que Deus criou para unir as pessoas. Assim, quanto mais sofrimento e quanto mais eu demonstrá-lo, mais solidariedade terei com outros e mais estará se manifestando a glória do Senhor. Essa postura nos faz esquecer de que Ele também nos demonstrou que carregou sua cruz sem usar nenhum poder divino. Há, ainda, outros que dizem "graças a Deus" a tudo o que a vida lhes traz e afirmam que as coisas não são em si nem boas nem ruins, mas todas têm uma razão de ser. Todas vieram para ajudá-lo a cumprir seu propósito aqui. Mark Twain diz que "os dois dias mais importantes de nossas vidas são o dia em que nascemos e aquele em que descobrimos o porquê". E Albert Camus (em O estrangeiro) defende quão absurda é a falta de sentido na vida, pois, quando buscamos nosso sentido na vida, achando-o ou não, sentimos que sempre há um preço a pagar. Coisas ditas "boas" vêm para motivá-lo e as "ruins" para fortalecê-lo a caminhar rumo ao seu sentido na vida, afinal são os obstáculos atravessados que nos dão resiliência. Qualquer que seja, nominalmente, o seu sentido na vida, entendo que há um propósito geral que atinge todos nós: estamos aqui para evoluir! Não me parece fazer sentido passar o que passamos nesta experiência terrena sem o propósito de que daqui devemos partir melhores do que chegamos.

Não digo que já cheguei a esse estágio de "atravessar meus infernos com serenidade", mas todas as vezes que me comporto na confiança de que o que me vem da vida tem um propósito maior enfrento com mais galhardia, criatividade e paz todos os desafios que aparecem. O contrário também acontece comigo. Quando me revolto com os obstáculos, vendo somente as razões aparentes que os trazem, não somente as possíveis soluções desaparecem como outros estragos são derivados dessa atitude. Num dia desses, ao retirar meu carro da garagem, subi o meio-fio da calçada de tal forma que o pneu foi cortado. Não foi um furo simples. Um corte profundo aconteceu. Vi logo que o pneu estava perdido. Comecei a lastimar, até porque já estava atrasado para um compromisso. Chamei um táxi já acreditando que ele não chegaria a tempo, o que aconteceu, mas o carro estava com o ar-condicionado quebrado. No calor que estava fazendo, precisamos trafegar com a janela aberta. Ao abrir a pasta para ver alguns documentos, o vento espalhou tudo pelo chão do carro, e, ao me abaixar, com a pressa e o nervosismo que estava sentindo, terminei por danificar o taxímetro do taxista. Seguimos com o trânsito engarrafado, começou a chover, o motorista também se contagiou com meu mau humor e começou a reclamar da vida... Vou parar por aqui. A partir daí uma avalanche sequencial de "azares" foi acontecendo até que cheguei ao trabalho e não preciso dizer que minha reunião com o cliente foi a pior possível! Isso já lhe aconteceu? Aposto que sim! Mas, da mesma forma, tenho certeza de que outros relatos seus e meus tiveram trajetórias diferentes e bem mais leves. Os ditos "azares" não aconteceram simplesmente porque não existem. Eles são a materialização de energias atraídas pela negatividade do que a gente mesmo está produzindo. São simplesmente impressionantes as diferentes direções que as coisas tomam a partir das vibrações que emitimos, as quais são acionadas a partir de nossas percepções ou das maneiras como decidimos perceber o que está acontecendo.

Nossas percepções são automaticamente seletivas, mas podem ser conscientemente seletivas, ou seja, posso me autodeterminar a perceber de forma positiva. Basta sair do piloto automático, parar, respirar, orar ou meditar. Basta pensar fora do Ego! Não toma muito tempo. Mesmo no trabalho ou em qualquer lugar, de três a cinco minutinhos de respiração consciente, e podemos voltar a nos pertencer. Quando estive na Índia pela primeira vez, lembro-me de que, na montanha Mount Abu (Rajastão), onde fazia um retiro espiritual na Universidade Espiritual Bhrama Kumaris, havia, em intervalos de mais ou menos três horas, uma música que tocava em todos os locais das dependências, até do jardim daquele imenso *ashram*, e naquele instante, por três minutos, todo mundo parava instantaneamente o que quer que estivesse fazendo. Chamavam aquela parada de "controle de tráfico de pensamento". Era impressionante o efeito que aquilo fazia nas pessoas. O leitor pode estar pensando que isso só acontecia porque o ambiente era favorável, um *ashram* indiano. Mas a verdade é que, quando voltei, instalei a música em meu computador no escritório e, pelo menos durante alguns meses, em que consegui manter a rotina, essa pausa para ouvi-la me fez um grande bem; não somente para minha calma, mas as pessoas que comigo trabalhavam sentiam diretamente o efeito quase mágico do "controle do tráfico de pensamento".

CAPÍTULO 8

A LEI DO MAGNETISMO ESPIRITUAL

"Os opostos se atraem, mas nunca se unem harmonicamente."

Pepito

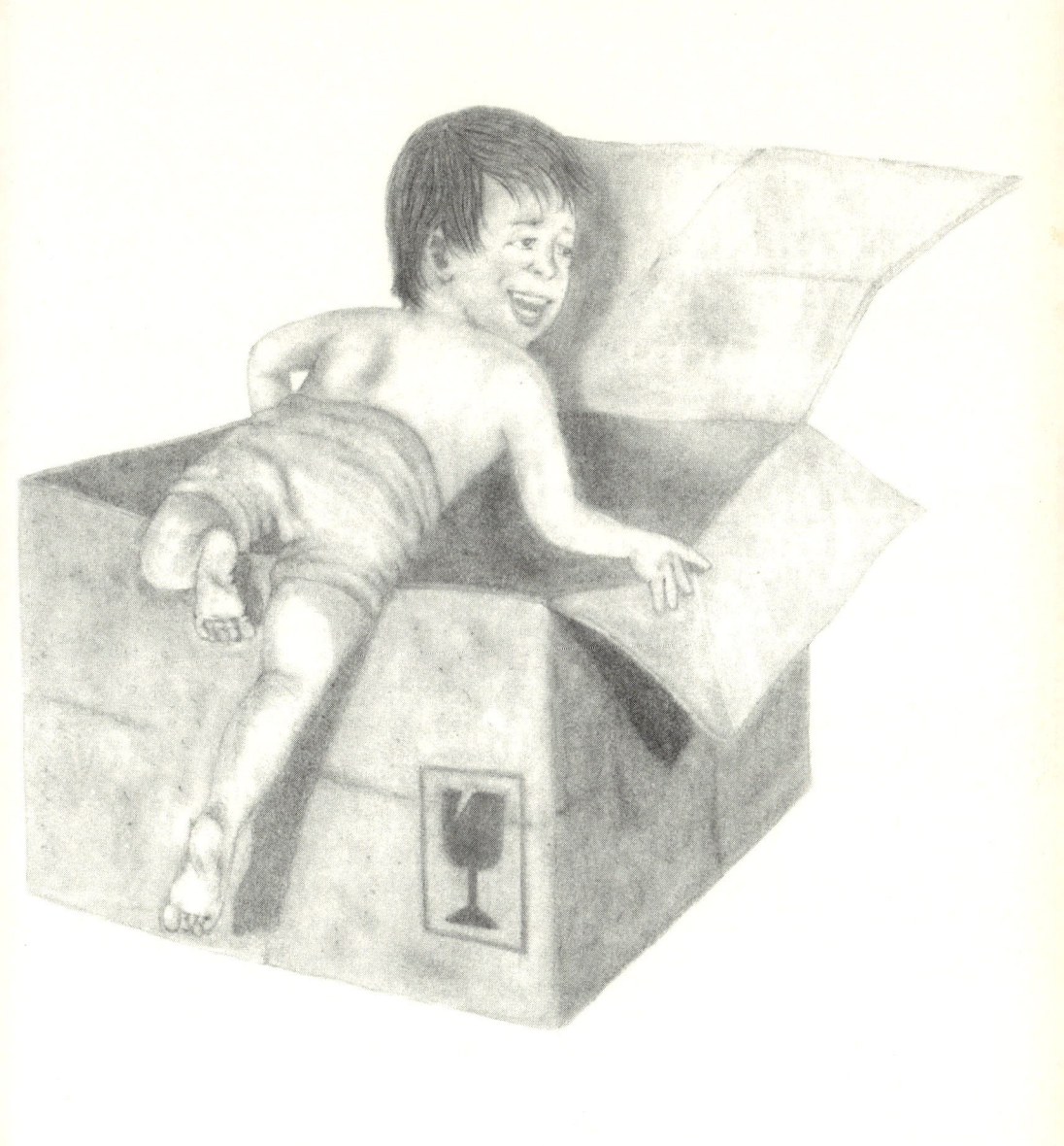

8

Se o seu ambiente interno – suas crenças, seus pensamentos e suas atitudes – são negativas, há uma força gravitacional que atrai o que lhe é semelhante. É preciso sair da atração negativa para a positiva para diminuir, reverter e colocar-se em outra órbita, em que a atração encaminha para a superação e a evolução.

Se por alguma razão você está triste e alimenta esse estado, lastimando-se ou revoltando-se consigo mesmo, isso produz uma energia que atrai coisas do mesmo gênero. Você vai ficando cada vez mais sem sua inteireza perceptiva, e sua atenção vai focando só no que corrobora com o seu estado, cegando-o para o lado bom das coisas a ponto de transformar o próprio lado bom em ruim. E assim, cada vez mais, vai se afundando num mar de lamúrias e causando uma rede de negatividades que se autoalimenta rapidamente. Se você tem potencial para a depressão ou quaisquer outros transtornos psicológicos, esse estado servirá como ótimo gatilho para o disparo de outros status mórbidos, como a depressão, o pânico, etc. Ao contrário, se você se faz sentir bem, disposto e alegre, a órbita em que entrará será a de crescente positividade. Os problemas grandes tornam-se pequenos, e as alegrias pequenas tornam-se maiores. E quanto mais confiante, mais feliz ficará e mais felicidade atrairá.

Como você se sente não depende somente das suas fontes somáticas, da quantidade de serotonina (o hormônio que nos provê um estado de alegria e bem-estar) ou das condições materiais à sua volta. Depende também da sua vontade, depende do "querer querer". Antes do fato sempre existirá a maneira como você escolhe percebê-lo. É nossa percepção que produz a realidade, então, a rigor, está em nós a decisão de como queremos perceber. Para ilustrar, conto um episódio que presenciei quando morei nos Estados Unidos. Um dia fui visitar uma Old Folks Home (lar de idosos) e cheguei exatamente quando um ônibus cheio de idosos adentrava o local, trazendo novos hóspedes. Os norte-americanos são muito pragmáticos, menos emotivos que nós, sul-americanos, mas mesmo assim vi que havia toda uma preparação de ambiência psicológica positiva feita com muito carinho e alegria, justamente para que o sentimento de uma nova vida longe da família, num sistema de quase isolamento, não fosse negativo. Tive a oportunidade de acompanhar uma senhora que, guiada por uma atendente, ouvia seus votos de boas-vindas e uma animadora narrativa do que havia no complexo. Num determinado momento, a moça falou com muito entusiasmo: "A senhora vai adorar o seu quarto. Tem uma cama confortável, uma janela para um lindo jardim, televisão... e isto e aquilo" – ela continuava sem parar. De repente a idosa parou de andar, olhou para a atendente e disse com muita ternura: "Não precisa se esforçar, moça. Eu já decidi que vou gostar do meu novo quarto!".

Naquele momento veio-me a inspiração: amar pode ser uma questão de decisão! Ao que me predisponho, a realidade se apresenta. Aonde for minha atenção, para lá também irá minha energia e de lá atrairei vibrações. Os problemas e as agruras da vida existem, e algumas delas são mesmo devastadoras, mas a maneira como as recebemos podem amenizá-las ou potencializá-las.

Imagino que seja do conhecimento do leitor o fato de que muitos pacientes portadores de câncer têm a vida encurtada ou prolongada dependendo de como encaram a doença. Um dos meus maiores amigos teve diagnóstico de um raríssimo tipo de câncer – para o qual ainda não havia tratamento – e um prognóstico de apenas um ou dois anos de vida. Acontece que esse meu amigo era uma pessoa sempre bem-humorada e de bem com a vida. Assim se manteve e terminou desmentindo o tal prognóstico, vivendo quase uma década de vida após a descoberta da doença. Nós podemos perceber isso quando estamos com uma simples gripe. Se nos revoltamos, não aceitamos e ficamos zangados, a tendência é que o mal perdure, amplie-se e faça-nos sofrer ainda mais.

Há também uma experiência feita no Canadá, quando um surto de um forte resfriado contaminou grande parte dos funcionários de uma empresa. O departamento de Relações Humanas da companhia teve a ideia de pesquisar o estilo de vida dos que foram contaminados e dos que não foram, e o resultado foi muito interessante: a maioria das pessoas que passaram ilesos pela crise do resfriado tinha vida bem mais leve espiritualmente que a dos que ficaram doentes. Eram pessoas que tinham muitos amigos, uma família equilibrada, trabalho, alimentação e gastos bem dosados, seguiam de verdade algum tipo de religião e tinham uma excelente relação social na família.

Provavelmente nenhum dos exemplos de magnetismo espiritual apresentados até aqui se apresente como novidade para você. O que nos falta não é necessariamente conhecimento, mas a adesão. Por isso é que dizem: "Abra seu coração, antes que um cirurgião cardiologista tenha de fazê-lo!" ou "Mude, antes que você tenha de mudar". E o primeiro passo é sair do campo gravitacional negativo. Mesmo que tudo o "chame" para aquilo que o enterra mais (geralmente o mais fácil, o mais confortável), tenha autodomínio de sua vontade, acione seu poder de decisão e comece a rota inversa. Aceite o estado aparentemente desfavorável, mas ative a lei da contradição: tudo tem os dois lados! Portanto, ao nos lembrarmos de que sempre há o outro lado da moeda, anulamos a revolta que não só faz piorar as coisas mas também mina nossas forças para entrar em outra órbita. Outra forma de estarmos preparados para sair da atração negativa é a meditação. Ela é tão poderosa que dedicaremos, em capítulo posterior, um texto conceitual e didático específico.

Nossos órgãos funcionam de acordo com nossas energias, que, por sua vez, são oriundas de nossas mais profundas crenças. Somos, em primeira instância, o que cremos. E os princípios em que baseamos nossos mais fortes pensamentos – que geram nossas ações – transformam-se em resultados concretos em nossa vida. Nosso subconsciente acredita e credita como força propulsora tudo o que dizemos a ele. Às vezes dizemos algo, mas no fundo acreditamos em outra coisa. É nessa crença que nosso subconsciente acreditará e ativará energias que atrairão o que consciente ou inconscientemente admitimos ser verdadeiro. Você conhece alguém e forma uma primeira impressão. Se não tomar cuidado, essa pessoa será exatamente o que você imprimiu em sua crença. Ela se comportará e responderá em comportamento a todas as suas expectativas. E depois você ainda dirá: "Desde o inicio tive uma má (ou boa) impressão desta pessoa". Há uma experiência pedagógica feita por pesquisadores na Espanha que ilustra bem esta questão da expectativa que virou fato. Um grupo de pesquisadores procurou uma escola solicitando que lhe permitisse aplicar um teste de inteligência entre os alunos. Depois de aplicados os testes nas mais diferentes turmas, a listagem dos alunos e suas respectivas notas foram entregues à diretoria da escola para que fizesse o uso que achasse útil. A diretoria entregou os resultados aos professores das turmas e disse-lhes que aqueles dados os ajudariam a melhor conhecer seus alunos. Seis meses depois, os pesquisadores voltaram à escola e pediram ao diretor que comparasse as notas dos alunos no final daquele semestre com as classificações dos testes de inteligência que haviam sido feitos no início do semestre. A direção da escola ficou impressionada e confessou-se encantada com a eficácia dos testes dos pesquisadores ao constatar que a maioria dos alunos tidos como potenciais melhores estudantes eram justamente os que se destacavam nas avaliações da escola. Naquele momento os pesquisadores confessaram, para surpresa da direção da escola, que jamais haviam corrigido nenhuma das avaliações e que as notas havia sido atribuídas aleatoriamente. O experimento mostra que as pessoas tendem a se comportar de acordo com as expectativas que construímos em relação a elas.

Se a perspectiva acima é verdadeira nas relações interpessoais, também deverá sê-lo na relação que temos conosco mesmos. Dentro de nós há mais de um "eu", e, dependendo do que dizemos para o Eu que crê, este fará o nosso destino. É, portanto, de fundamental necessidade investir no autoconhecimento, pois dele poderá advir o autodesenvolvimento. Pensar criticamente sobre nós mesmos, ter a coragem de admitir nossas fraquezas e sem falsa modéstia assumir nossas forças pode contribuir para acionarmos nosso poder de pular fora de uma tendência negativa.

Quando estamos em harmonia – síncronos com o Universo –, todas as nossas ações são creditadas numa conta kármica ou são pagamentos de débitos kármicos de contas contraídas no passado. Por exemplo, imaginemos nosso sistema alimentar. Quando ingerimos algo compatível com nossa constituição psicobioquímica, harmônica com nosso processo de transformação de alimentos em energia, nossos órgãos trabalham sem esforço demasiado, sem sofrimento desnecessário, e o resultado, além da nutrição, é o bem-estar. Quando o contrário ocorre, ou seja, quando comemos, bebemos, respiramos ou fazemos de menos ou de mais, a resposta é o processo digestório travado, destrambelhado, sofrido e desgastado. O resultado, mesmo durante o processo, é o sofrimento em forma de dor aguda, crônica ou surda-muda – aquela que existe de modo quase silencioso, mas surge em rompantes inesperados em forma de surtos (e sustos) tão insuportáveis que às vezes provocam emoções destrutivas, desencadeando outras manifestações num efeito cascata de resultados catastróficos. Outros exemplos mais sutis, porém igualmente fortes, são os das ingestões de maus pensamentos, más intenções e outros venenos da alma. Da mesma forma que um alimento material estragado ou incompatível com nosso sistema nutricional nos faz mal, uma energia negativa produzirá o mesmo efeito. Se nos enchemos de boas energias, como alegria, paz de Deus, êxtase da visão do verde das matas ou de uma flor num jarro de apartamento, é certo que alimentamos nosso espírito, fortalecendo-o para a degustação da vida; os problemas ficam pequenos, e as dificuldades, menores. Nossa percepção, lucidez e inteligência, nossa generosidade e serenidade, assim como nosso relacionamento com tudo e com todos, tendem a ser melhores. Quando, ao contrário, acionamos "a banda podre" que também aprendemos a ter, como quando invejamos o que os outros têm e desejamos também tê-lo mesmo que não o desejemos de verdade ou mesmo que para isso tenhamos de usar de meios impróprios, ou quando iniciamos e alimentamos o rancor, a impiedade ou a ilusão egocêntrica, é certo também que atraímos as mesmas forças negativas, causando em nós as indigestões, as diarreias, os travamentos na criatividade, o estresse, enfim, os sofrimentos desnecessários e destrutivos. Mais que mental, esse magnetismo é espiritual, pois a mente é apenas veículo. Dependendo de sua orientação, ela, a mente, pode nos harmonizar (ou não) com o Universo. De uma forma ou de outra, o cosmos vai nos dirigir para a evolução. Podemos escolher navegar de acordo com a maré ou contra ela. Entendemos que o Universo nos quer dirigir para a leveza, para o bem e para o divino. E não precisamos polemizar o que é o bem aqui, pois podemos até ter dificuldade de conceituá-lo, mas ninguém tem dúvidas sobre o que é. Sentimos, sem dúvida alguma, quando estamos na rota do magnetismo espiritual positivo, da mesma forma que não duvidamos quando estamos remando contra a maré. Para reforçar essa leveza, a sensação de estar na rota positiva da harmonia com o Universo, cito o médico indiano Deepak Chopra, que, em seu *bestseller* As sete leis espirituais da Yoga, ele fala da Lei do menor esforço. Ele diz que "a grama não tenta crescer, ela apenas cresce" ou que "o pássaro não tenta voar, apenas voa". Quando estamos neste estado de "*flow*" (fluir), as coisas simples nos divertem, somos tocados diretamente no coração pelo raio do sol, pela chuva que cai ou pelo sorriso de uma criança, e até um erro nosso provoca nosso próprio riso. A criatividade aflora, nos autossuperamos, vemos mais lucidamente a realidade que nos cerca e não sofremos por qualquer coisa. Tudo é motivo de darmos graças a Deus, contagiamos todos e somos reciprocamente contagiados de volta, é um verdadeiro êxtase! E cada movimento nessa direção aumenta o magnetismo positivo, num círculo virtuoso que só cresce e nos eleva para o divino. Imagino que os grandes gênios criaram suas grandes obras quando estavam nessa rota, pois, mesmo em estado de sofrimento físico, estavam espiritualmente em estado de *flow*. Penso no Aleijadinho com todas as suas dificuldades de morbidez física esculpindo obras tão fantásticas, ou Beethoven compondo verdadeiros milagres musicais já em completa surdez.

Infelizmente, porém, da mesma forma, com a mesma força, a navegação no círculo do magnetismo negativo acontece. Se nos deixamos entrar no clima da ansiedade, da raiva, do pessimismo, da autopiedade, do egoísmo, do apego e de tudo aquilo que, embora aparentemente nos seja mais fácil, na verdade é bem mais pesado, entramos na rota de uma atração igualmente magnética. Quando estamos diante de um problema e, em vez de o contemplarmos com serenidade, estudando-o para ver como podemos contorná-lo e, mais que isso, para ver o que ele tem a nos ensinar, nos pomos a reclamar e a simplesmente não aceitar sua existência, terminamos por atrair outros problemas advindos da diminuição de nossa lucidez, comprometida que foi com as emoções negativas acionadas pela primeira situação. Ao contrário da rota magnética positiva, na qual tudo é potencializado para o bom, o sereno, o leve e o prazeroso, a rota magnética negativa multiplica e atrai para baixo, para o escuro e para a antivida. Aparece-nos um problema, e logo reagimos recusando-nos a aceitar. Nossa recusa carrega emoções e nos cega para ver o que de bom o problema traz. Se não pulamos fora do cerco, as emoções negativas crescem, causando-nos outros problemas. Não pensamos direito, perdemos o foco, cometemos outros erros que por si provocam outros. A coisa cresce, e terminamos por acreditar que estamos numa maré de azar. É momento para parar um pouco. Respirar. Meditar. Orar. Se nos deixarmos levar pela onda, o magnetismo vai aumentar cada vez mais a corrente e, se não cuidarmos, grande estragos serão causados.

São palavras de Mahatma Gandhi:

> "A vida me ensinou que as pessoas são amigáveis, se eu sou amável; que as pessoas são tristes, se estou triste; que todos me querem, se eu os quero; que todos são ruins, se eu os odeio; que há rostos sorridentes, se eu lhes sorrio; que há faces amargas, se eu sou amargo; que o mundo está feliz, se eu estou feliz; que as pessoas ficam com raiva quando eu estou com raiva e que as pessoas são gratas, se eu sou grato. A vida é como um espelho: se você sorri para o espelho, ele sorri de volta. A atitude que eu tome perante a vida é a mesma que a vida vai tomar perante a mim. Quem quer ser amado ama."

Lembremo-nos, pois, de que coisas ditas "boas" sempre virão e coisas ditas "ruins" também. Eu sempre digo que, quando alguém lhe pergunta se está tudo bem, a resposta mais sábia é: "Tudo sob controle", pois nunca estará tudo bem nem nunca tudo estará tudo mal. E, pensando bem, o que significa estar tudo bem ou tudo mal? Existe uma vida dinâmica, e ela é feita de contrastes! Há contas kármicas a serem ajustadas. É o preço de nossa evolução! Portanto, carreguemos nossas cruzes com dignidade, pois tentar fugir ou enganar a vida é simplesmente impossível, além de incongruente, já que, pelo menos nesta dimensão em que vivemos, a vida é dialética.

    Viver é lutar, mas a luta que a vida nos pede é a do bom combate. Define-se como bom combate aquele que se trava consigo mesmo no sentido de evoluir ou aquele que é leal e beneficia ambos os lados, não há vencidos nem vencedores, nem rancores armazenados. Deveríamos ser todos guerreiros pacíficos, nossas lutas deveriam ser todas de tal modo que no final o que se ganhou não foi o certame, mas a confirmação do sentido da nossa vida, qual seja nossa função no equilíbrio do Universo, nosso "*dharma*" como dizem os indianos. As energias gastas são parte do processo construtivo, e, se porventura as negativas forem acionadas, elas são dissipadas no vento, como a descarga de combustíveis poluentes, como a defecação, vômitos ou sangrias. Há, todavia, maneiras sadias de dissipação de energias negativas, e o esporte é uma delas. É dito que a meditação tem o poder de "queimar" *karmas*, e o relaxamento físico, assim como o jejum do pensamento, é uma forma de dissipação de forças negativas que podem estar se armazenando em nosso "sangue mental". Um dos belos exemplos com que a natureza nos brinda é o confronto entre os patos ou gansos. No bom combate por seus territórios perimetrais de cruzamento com as fêmeas, logo após um embate no qual o "pseudovencedor" triunfa, tanto este como o outro se afastam e batem as asas vigorosamente, de modo a dissipar as energias negativas, para que estas não se acumulem nem cresçam em seu coração. Se nós, humanos, também soubéssemos perder sem tristeza e vencer sem prazeres desmedidos, se soubéssemos estar imunes às críticas, assim como aos elogios, nosso Ego não se alimentaria de ilusões de felicidade temporárias, periféricas. Se, após um embate com quem quer seja, soubéssemos "bater vigorosamente nossas asas", limpando nossa mente e, por extensão, nosso coração e, mais ainda, nosso espírito, os confrontos seriam sempre construtivos, e saberíamos ver nas pseudoderrotas a vitória do aprendizado e nas pseudovitórias a humildade de que aprendemos menos do que os que, aparentemente, perderam aquela batalha.

    Ainda sobre o bom combate, devo registrar aqui um dos *insights* que tive quando fiz um dos meus mergulhos no paraíso-mar de Fernando de Noronha, uma das maiores sensações de paz física que experimentei até aqui. A sensação de pertencer ao mar, respirando com independência de

30 minutos com oxigênio de tanque, uma água azul transparente e lá, aos 15 metros de profundidade, olhar para cima e ver os raios do sol como faixas de um prisma atravessando o diamante daquela transparência e, depois, com o olhar para os lados, ver com êxtase peixes, corais, tartarugas e raias é algo indescritível. Lembro que fiquei paralisado por alguns instantes, agradecendo a Deus e dizendo a mim mesmo que Ele existe. Depois, ao emergir e conversar com um dos guias, perguntei-lhe sobre pescaria, arpões, etc. Ele disse que, além da proibição do esporte naquele lugar – por ser reserva ecológica –, pescarias com tanques de oxigênio e arpões não são permitidas em lugar algum. A ética é que os peixes estariam em desvantagem pelo uso do arpão e que para ser um bom combate só se pesca com arma se for em mergulho tipo apneia, ou seja, com o uso do ar dos nossos pulmões apenas. Estamos armados, mas temos a desvantagem do oxigênio, enquanto o peixe tem o arpão contra ele, mas tem a vantagem das guelras que retiram o oxigênio da água. De vez em quando não consigo deixar de pensar nos embates entre os homens e a falta de ética quando uns ou outros se utilizam de armas e procedimentos desiguais. Lembro-me das pessoas de baixa renda que, por mais que lutem para conseguir uma vaga nas universidades, não conseguem competir com os estudantes das elites econômicas, uma vez que desde sua tenra infância não tiveram as mesmas oportunidades que seus principais concorrentes. Lembro-me também da concorrência entre as empresas, melhor dizendo, entre os empresários, quando uns jogam limpo e outros sujo. Lembro-me das ideologias inculcadoras em que os valores são construídos desrespeitando a ordem universal dos direitos humanos e em que a morte e a destruição são atitudes de integridade porque estão acontecendo em defesa de um país onde "se morre pela pátria e se vive sem razão", como diz a canção.

Apesar de não percebermos, o Universo tudo observa e tudo credita ou debita, e podemos ter a certeza de que, de uma forma ou de outra, nesta ou em outras vidas, nossas contas são acertadas. Se assim não fosse, não haveria equilíbrio. Nós podemos deixar de existir, mas a vida não. Como diz Paulo Coelho em "O vencedor está só": "É bobagem pensar que podemos destruir o planeta, é até prepotência, posto que a ética universal é soberana à nossa vontade e aos nossos atos. Em vez de pensarmos em salvar o planeta deveríamos, sim, trabalhar para que ele não nos destrua". No momento em que gaia (teoria da terra viva) sentir que estamos trabalhando em desarmonia com ela – e por extensão com o Universo –, ela mesma tratará de evitar que seja destruída, destruindo nossa raça e nossa espécie. Penso que de certa forma isso tem acontecido cada vez mais. Não tenho competência para julgar, mas talvez possamos fazer uma ligação com o que ocorre com a maior potência mundial, os Estados Unidos, que, embora tenham apenas 5% da população do planeta, são responsáveis por 25% da poluição atmosférica, e aí podemos pensar que não é à toa que dois furacões devastadores aconteceram em menos de três anos em Nova Orleans. O que nós, brasileiros, estamos fazendo ou deixando que se faça com a Amazônia deve ter ligação direta com as enchentes de Santa Catarina (2008), quando mais de cem cidades foram inundadas, e assim por diante.

No nível pessoal, onde tudo começa, há também créditos e débitos. Quando nos relacionamos com as pessoas, com Deus e conosco mesmos, a relação contábil é que gerencia nossos direitos e deveres. Algumas vezes soluções quase mágicas nos aparecem em momentos em que nenhuma luz ilumina nossos caminhos, e, em outras, vemos que, apesar de estar aparentemente tudo bem em nossa vida, não nos sentimos felizes. A ética universal está à nossa volta. Jesus dizia: "Quem tem olhos que veja, e ouvidos que escute", em outras palavras, não há nem mesmo necessidade de tanto estudo ou intelectualidade sofisticada. Pessoas simples que nunca pisaram numa escola são, desde sempre, graduadas na universidade da vida. A sabedoria universal encarrega-se de se derramar sobre nós, mas, quando não nos deixamos inebriar por essa sabedoria por amor, o Universo nos faz conhecê-la pela dor. Se ao menos pensássemos menos e sentíssemos mais, se escutássemos mais e falássemos menos, se nos nutríssemos mais e comêssemos menos, se vivêssemos mais o momento e menos o passado ou o futuro, talvez percebêssemos mais e aprendêssemos mais. As Ciências modernas explicam tudo, ou quase tudo, é verdade. Mas tudo o que ela explica é o mecanismo como as coisas acontecem e não por que elas ocorrem. As ciências estão cheias de pensamentos e muito vazias de imaginação. Não que isso não seja importante, mas nosso grau de entendimento dos processos da vida chegou a um ponto tão sofisticado que terminamos por complicar as coisas simples. E é na simplicidade que estão as grandes verdades, e não necessariamente nos compêndios acadêmicos. Criamos assim um grande débito, uma dívida paradoxal: quanto mais entendemos da vida, menos a vivemos. Vivemos mergulhados em pensamentos, sobre o passado e o amanhã. O hoje está acontecendo, e não estamos percebendo nem recebendo. Como diz John Lennon em "*Beautiful Boy*" – canção que fez para seu filho: "*Life is what happens when you're busy making other plans*" (A vida é o que acontece quando você está ocupado fazendo outras coisas).

Lembro-me de um momento de êxtase do presente, quase um orgasmo espiritual. Fazia uma caminhada na natureza, entre as árvores, ao amanhecer. Acostumei-me a me exercitar fisicamente ouvindo músicas do meu iPod. É verdade que as canções que escuto quando estou caminhando são compatíveis com meu treino de Karma Yoga (Yoga que se pratica em movimento), como seleções de clássicos, melodias nova-eristas e outros *hits*. No meio da caminhada, a bateria do aparelho findou, e tive de retirar os fones de ouvido. Fui como que "obrigado" a ouvir outros sons: pássaros iniciando seus bons combates e buscando alimento, como um gavião que mergulhava com a ajuda de sua visão privilegiada em busca de algo vivo que se movia entre a relva e contra a rapidez do que ia ser predado. Havia chovido durante a noite e sentia o cheiro de terra molhada temperado pela visão de orvalhos reluzentes nas folhas, tudo somado ao som de um pequeno córrego que parece ter surgido do nada. Vi uma garça que se assustou com minha chegada e alçou voo numa coreografia tão linda quanto à de um bom dançarino de balé, pousando dali a alguns metros de forma suave, sem nenhuma demonstração de choque com a pista de pouso, ao contrário, era como se chão e ar fossem um só. Alegria pura, não inflacionada. Sensação saborosa sem efeitos colaterais, alma em paz sem calmantes químicos. Mente aberta, aguçada, coração em paz, não trocaria aquele momento por nada neste mundo. Olhei uma flor amarela, outra vermelha e mais adiante uma roxa. Todas cercadas de capim verde e com o som do farfalhar das folhas, o piu-piu das pipiras e o afago do vento; parei por um instante, apreciando aquela obra de arte pintada pela natureza e... chorei um choro alegre e silencioso, cujas lágrimas escorriam como dissipadoras de sofrimentos contidos e de sentimentos negativos. No caminho de volta, colhi algumas daquelas flores, três na verdade, alguns ramos de folhas verdes e um pendão de chuva-de-ouro e fiz um minibuquê para entregar à minha amada esposa quando a encontrasse, o que fiz ainda antes de dar mais uma volta no percurso da trilha daquele spa. Não tenho nenhuma dúvida de que a emoção de minha esposa foi (se não maior) mais autêntica que as das outras vezes quando lhe dei caros buquês montados por floricultores. Lembrei-me então da arte oriental da ikebana, em que se monta com todo carinho um arranjo de folhas e flores. Assisti a uma demonstração dela na última Feira de Ciências de minha escola, quando no final duas pacientes senhoras vieram ensinar essa arte. Lembro-me do olhar, quase decepcionado, dos frequentadores da Feira, que esperavam algo excepcional no final do trabalho, que, diga-se de passagem, havia impacientado muita gente, incluindo eu mesmo. No final o arranjo não tinha nada de especial, nada que fosse mostrado no Fantástico (o "show da vida", como tentam descrever o tal programa de TV). As senhoras fizeram um sinal de que haviam chegado ao fim, e vieram os aplausos, orquestrados pelo organizador, que puxou as palmas artificiais a que tantos de nós estão adestrados. Antes de baixar a tristeza de uma decepção com aquela que seria a última atração e, por isso mesmo, deveria ter sido do tipo "chave de ouro", as senhoras começaram a apresentar o trabalho e disseram: "O que importa não é a chegada, mas o caminhar". O prazer que tivemos em montar o arranjo, a vida que respeitamos das folhas e das flores e o reconhecimento do nosso carinho por parte delas nos enviou uma vibração positiva, de êxtase, de felicidade.

CAPÍTULO 9

AMOR E DESAPEGO

"Tem muita gente que avança pela vida carregando pesos mortos, de coisas ou de culpas. Falta-lhes desapego. E é impressionante como o apego é confundido com amor."

Eugenio Mussak

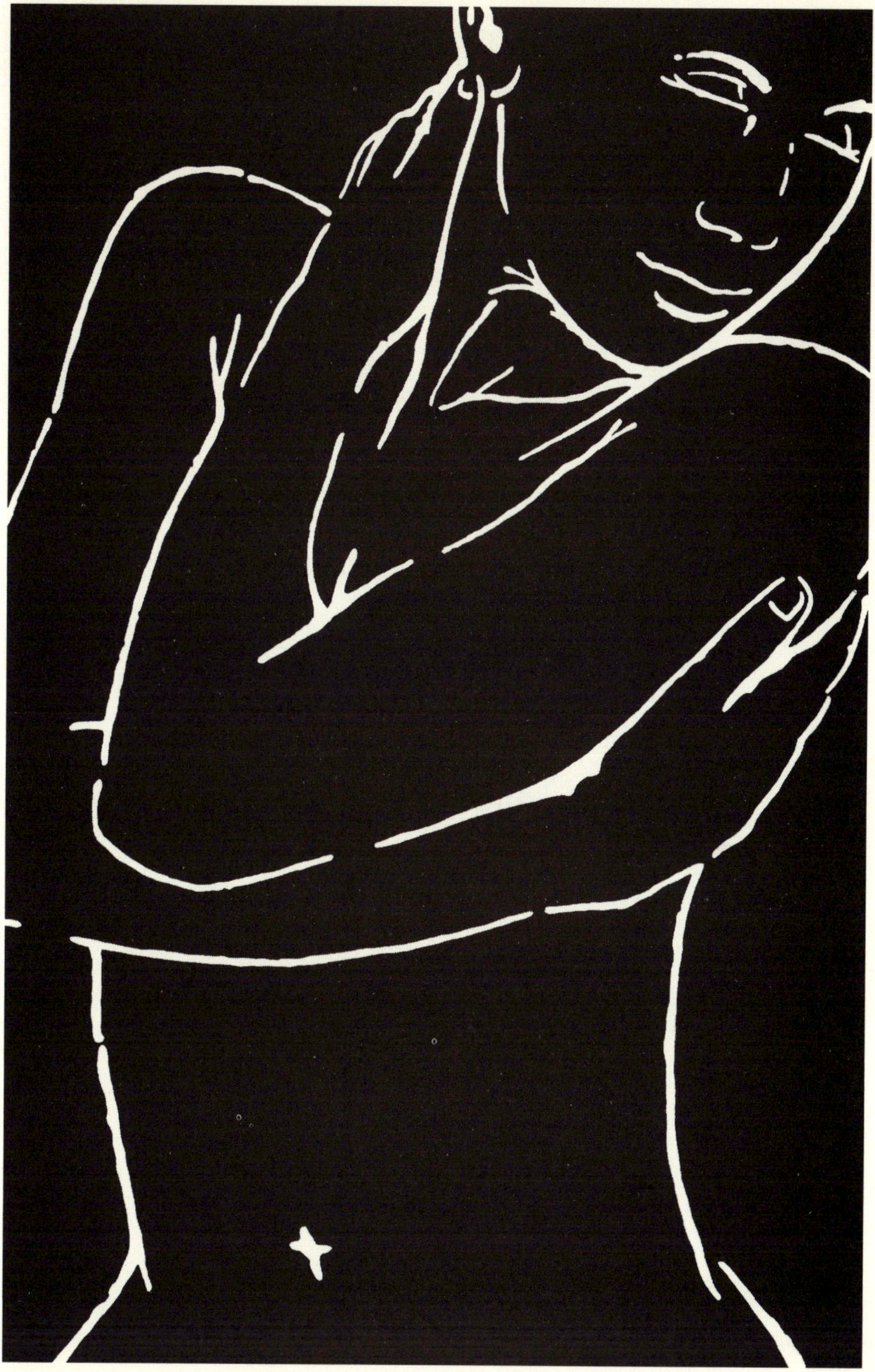

9

Amor e apego, dois sentimentos provavelmente antagônicos. O primeiro é coisa de Deus, o segundo do Ego, da espécie humana. O primeiro é essência, e o segundo, aparência. O primeiro é espiritual, o segundo, psicossocial. Com a filosofia grega aprendemos que amor de verdade é o do nível ágape, que é amar mesmo sem saber a quem (ou a que) e quando não se espera ser correspondido ou quando a recompensa, mesmo sem ser buscada, reside no próprio ato de amar. Recentemente pesquisas da psicologia ocidental deram conta de que quem dá um presente (com sinceridade) fica mais feliz de que quem recebe. É como quando se faz uma caridade anonimamente, apenas guardando para si a agradável sensação de ter contribuído para a alegria de outrem. Uma vez eu disse para minha amada esposa: "Eu te amo, e tu não tens nada a ver com isso!", ou seja, minha alegria está no fato de amar, e não, necessariamente, de ser amado. E também um poeta escreveu: "Cuide do seu jardim que as borboletas virão". O leitor pode estar se perguntando: "Isso é possível?". Minha resposta é: Sim, e cada um de nós, se prestarmos bem atenção, vivemos, aqui e acolá, experiências dessa natureza. O problema é que, na maioria das vezes, não é assim que acontece, não é assim que nos comportamos nem foi assim que nos ensinaram a viver, muito pelo contrário: nossos pais, nossos professores, amigos, enfim, a maioria das pessoas que têm significativa influência sobre nosso comportamento tem outra expectativa para com nossas respostas. Eles esperam que seus elogios, seus reconhecimentos em público e até seus presentes sejam instrumentos que ajudem a criar ou aumentar nossa autoestima e, dessa forma, lhes agradeçamos por isso. Nada de errado em demonstrar gratidão, se isso não significasse também que corremos o risco de estar plantando uma inversão de valores, colocando como secundária a missionária e verdadeira razão de fazermos algo, que é servir. Se, como estudantes, cumprimos nosso dever de estudar e somos agraciados com presentes dos nossos pais, poderemos aprender a estudar somente para merecer tais presentes, e não, primordialmente, para entender melhor o mundo e a vida e fazê-los melhor. Se como trabalhadores desempenhamos bem nosso papel pensando em nos destacar perante os outros e assim receber a admiração e os elogios do chefe, corremos o risco de desatrelar nosso labor da missão de vida que aqui, na terra, viemos cumprir. É claro que a primeira premissa não invalida o esforço empreendido ao fazermos algo, apenas pode indicar que estamos colocando a vaidade (coisa do Ego) como principal motivação. E isso pode ser perigoso, posto que, sendo uma motivação periférica, superficial (e até falsa), nos põe em grande risco de nos decepcionarmos quando, mesmo tendo feito um bom trabalho, não recebemos o reconhecimento – sobretudo público – dos outros e sofremos desnecessariamente.

Na Índia aprendi que as leis da física são iguais às da metafísica. A lei da ação e da reação (terceira lei de Newton), por exemplo, é verdadeira para os movimentos que empreendemos com os objetos. Se impusermos uma força num objeto na direção de A para B, teremos como reação a mesma força vetorial no sentido de B para A. Para o budismo, essa é, metafisicamente, a lei kármica, que significa que tudo na vida é movimento, e o que quer que façamos terá, da inteligência do Universo, reações matematicamente iguais às nossas ações. Se isso é verdade, por que nos preocuparmos com o reconhecimento dos outros se, de alguma forma, algo ou alguém vai nos dar *feedback*?

Ao entender que apego é coisa do EGO, também podemos compreender melhor como nos tornamos dependentes dos reconhecimentos explícitos e, preferivelmente, feitos em público. Mas não são somente aos reconhecimentos, aprendemos a ser apegados a tudo, até ao sofrimento! Às vezes pensamos: "Está tudo tão bem! Estou até desconfiado!" Ah, o desapego nos aliviaria de tantos fardos! Se pensarmos bem, guardamos coisas demais! Há uma seita de monges que faz trabalhos artesanais que duram dias e, logo após terminarem, apagam tudo só para treinar a arte do desapego.

Nosso ego é nosso poço de vaidade, é a falsa identidade que julgamos ter, é coisa da mente. Tenhamos cuidado, pois a mente mente! Nosso cérebro inteligentemente cuida para que lhe forneçamos aquilo que lhe é mais confortável, que lhe custe menos oxigênio, e nessa operação sempre há a tendência de nos levar por caminhos já conhecidos, pois a criação de novas sinapses lhe custa mais esforço e consumo de oxigênio. Assim, da repetição dos mesmos hábitos, criamos um padrão de maneiras de pensar e agir que se fortalece a cada repetição, criando o que entendemos ser o apego. Somos apegados a nossa cama, nossa casa, nossas sandálias, nossos filhos e a tudo que se torna parte de nossa vida. Mas, além das coisas e das pessoas, o maior problema é que também ficamos apegados às nossas ideias, aos nossos hábitos e à nossa maneira de ver e viver a vida. Da mesma forma como defendo que é preciso amar o mundo sem a ele se apegar, também entendo que precisamos nos amar sem nos apegar a nada que acreditemos ser nossa identidade. Somos seres kármicos, em eterno movimento, e, em nossa passagem por esta vida, temos a oportunidade de nos melhorar. Viemos aqui para viver como humanos em busca de uma provável divinização e para isso temos de aceitar a possibilidade de mudança contínua. Como dizia Heráclito 400 anos a.C.: "A única garantia de estabilidade é a mudança contínua". Mas a mudança sempre nos é difícil, porque estamos em geral muito apegados aos caminhos sinápticos que uma vez desenhamos e aos quais demos autonomia em nossa personalidade. Conta-se que um turista, ao ser hospedado por um aldeão no Oriente, foi questionado por este: "Por que você trouxe tão pouca bagagem?". Ao que ele respondeu: "Estou só de passagem..." e continuou: "... e o amigo por que tem tão poucas coisas em casa?". O aldeão, olhando em volta, respondeu: "Eu também estou só de passagem nesta vida".

Lendo sobre a vida e os ensinamentos de Buda, descobri que uma de suas maiores forças em busca da iluminação (aliás "Buda" não é um nome próprio, significa "Iluminado") era a luta contra o desapego, o que ele considerava a razão maior do sofrimento. Ele ensinava que, enquanto estivermos apegados às coisas do plano físico, do tangível, estaremos captando e emitindo energia às coisas que não são essenciais, ao contrário de onde estaria a verdadeira felicidade. Para os budistas o desapego tem a ver com a evolução espiritual, o desenvolvimento da elevação deste plano, e eles consequentemente se movem para longe do que é volátil. Na hora do "Afasta de mim esse cálice", imagino que Cristo teve de "desapegar-se" de ser humano para poder ascender ao divino total.

Interessante notar quão fácil e comum é confundir amor com apego. Nesse sentido, prefiro ouvir os povos de língua espanhola, que dizem "te quiero" em vez de "te amo". Não sei se eles têm consciência de que "querer" alguém é mesmo bem diferente de "amar" alguém. Se não tiverem, pelo menos soa melhor, porque estão sendo sinceros. Muitos de nós, quando dizemos "te amo", na verdade queremos dizer "te quero". A diferença existe! Amar não é querer o outro para si, mas dar ao outro a liberdade de ser e existir. Querer o outro para si é estabelecer uma relação de posse, o que é incongruente com o ato de amar. Depois, se ou quando a relação se desfaz, costumamos dizer que "perdemos" o outro. Ora, como diz o budismo, "toda sensação de perda vem da falsa sensação de posse!".
Nesse sentido, o apego seria o oposto do amor, pois quem ama com o sentimento de posse imagina e espera que o outro o faça feliz ou que lhe seja possível fazer o outro feliz. Ora, ninguém é capaz de fazer ninguém feliz ou infeliz. A gente é que se faz assim! Os outros podem ajudar, inspirar ou atrapalhar, mas a história de cada um é escrita por si mesmo. O que colhemos é exatamente o que plantamos. O Ego diz: "Eu quero que você me faça feliz", enquanto o Amor declara: "Eu quero que você seja feliz!".

Qual é o sentido de passarmos a vida apegados a coisas que só estarão conosco enquanto aqui estivermos? Quanta energia gastamos para guardar, acumular e defender aquilo que dizemos que nos pertence? O que na verdade nos pertence? Talvez nem nossa vida nos pertença, quanto mais as coisas, as pessoas e as ideias! Quem pode garantir que uma ideia que acabou de conceber não pousou também na mente de outros entre os 7 bilhões de habitantes deste planeta? As ideias são fagulhas de Deus que flutuam na atmosfera espiritual e navegam em busca de mentes abertas e espíritos férteis. Há um pensamento que diz: "Se amas alguém, deixe-o livre. Se ele(a) ficar ou voltar, é porque é para estar com você, caso contrário, contente-se em não insistir em reter o que não lhe pertence".

A gente crê e alimenta a premissa de que temos posses. O pior é que isso se estende para os nossos próximos. Se pensarmos bem, é incongruente dizer "meu marido", "meu filho", meu isso e meu aquilo. Khalil Gibran já dizia há décadas:

"Vossos filhos não são vossos. São os filhos e as filhas da ânsia da vida por si mesma. Vêm através de vós, mas não de vós. E embora vivam convosco, não vos pertencem. Podeis outorgar-lhes vosso amor, mas não vossos pensamentos. Porque eles têm seus próprios pensamentos. Podeis abrigar seus corpos, mas não suas almas; Pois suas almas moram na mansão do amanhã, Que vós não podeis visitar nem mesmo em sonho. Podeis esforçar-vos por ser como eles, mas não procureis fazê-los como vós, Porque a vida não anda para trás e não se demora com os dias passados. Vós sois os arcos dos quais vossos filhos são arremessados como flechas vivas. O arqueiro mira o alvo na senda do infinito e vos estica com toda a sua força. Para que suas flechas se projetem, rápidas e para longe. Que vosso encurvamento na mão do arqueiro seja vossa alegria: Pois assim como ele ama a flecha que voa, Ama também o arco que permanece estável."

CAPÍTULO 10

NOSSOS DOIS CORAÇÕES

Doar-se mais para
doer-se menos.

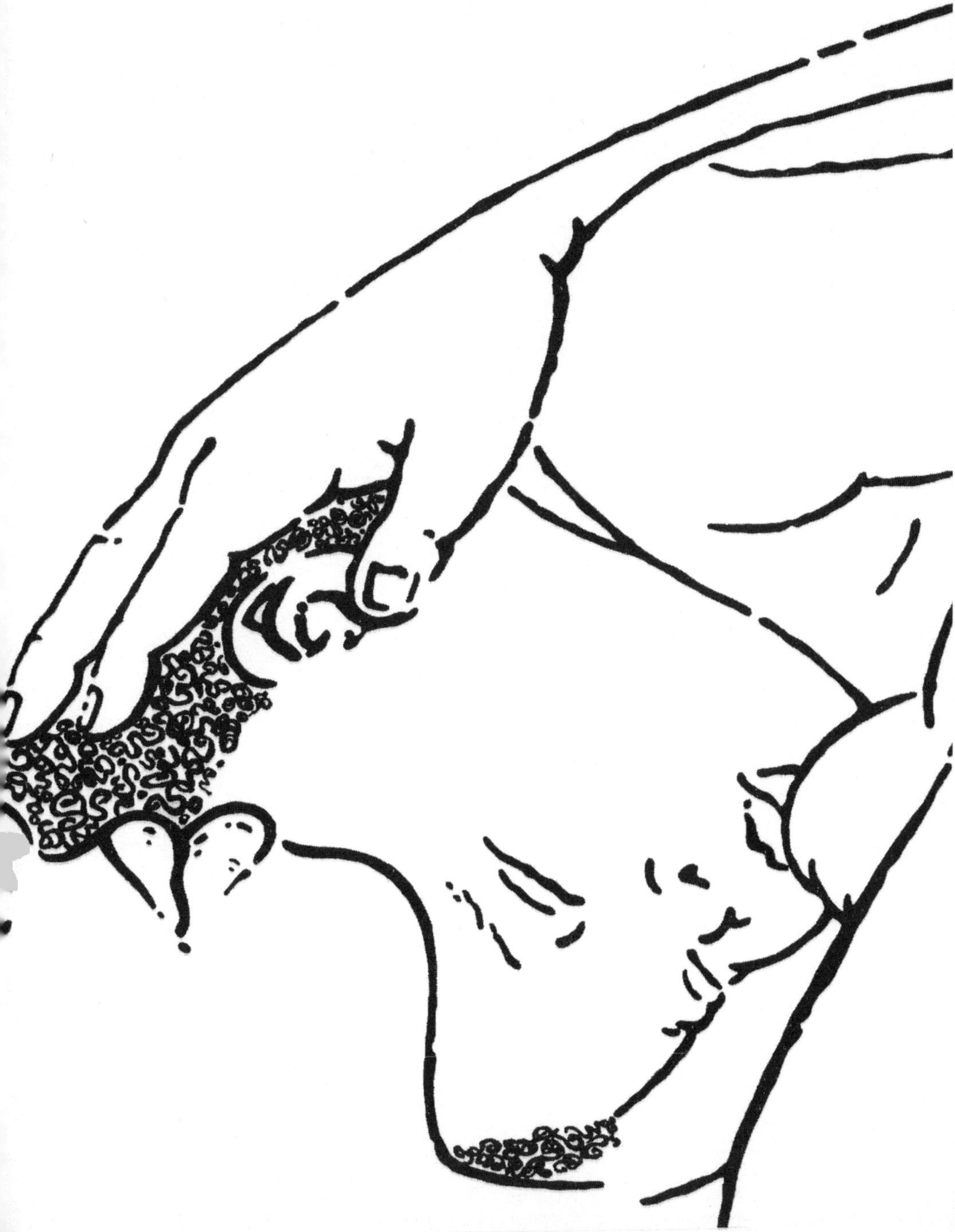

10

Você sabia que temos dois corações? Isso mesmo! Se somos corpo e espírito, por que não teríamos um coração espiritual também? Quem faz o corpo se mover é o coração biológico, composto de músculos, veias, artérias, feixes nervosos, etc. Esse coração alimenta-se de receber nutrientes químicos, como proteínas, vitaminas, etc. Se não recebe tais alimentos, esse coração adoece e perece. É recebendo vida que o coração biológico provê a vida. Quanto recebe e a qualidade do que recebe é fundamental para a saúde do corpo de quem o porta. Assim, o que se come, os exercícios que se pratica para fortalecer o coração biológico e outras condições dão ao órgão a força e a vitalidade de que precisa para desenvolver sua vital função de bombear sangue para o corpo. Mas, para seu conhecimento, há também um coração espiritual! Para explicar sua existência e sua importância, vou recorrer a uma história de ficção científica, um filme chamado Turista espacial (La Belle Verte).

A história começa num planeta distante, onde os habitantes vivem numa sociedade perfeita. Há igualdade de direitos e de bens entre todos, e vive-se em harmonia. Os moradores comunicam-se por telepatia e têm mais de 200 anos de vida. Por ter uma organização social desenvolvida e uma moral elevada, sempre é enviado do Planeta Verde algum membro voluntário a planetas com sociedades menos desenvolvidas, a fim de auxiliar na evolução moral dos povos que vivem distantes. Mila, a personagem principal, aceitou a dura missão de vir à Terra, pois lhe foi relevado que fora levada daqui quando bebê. Os habitantes do Planeta Verde tinham um imenso preconceito para com os humanos, considerados um caso perdido, principalmente após a crucificação de um dos enviados. Aterrissando em Paris, Mila conhece a civilização. Necessita de água pura, mas não a tem. Necessita de comida saudável, mas não a tem. Então, precisa recarregar suas energias segurando bebês, únicos seres puros com os quais ela tem contato. Entrando, sorrateiramente, em uma maternidade durante a noite, Mila ouve o choro de uma criança. Procurando pelo hospital, ela encontra um bebê num berço dentre muitos outros que dormiam tranquilamente. Pega a criança em seus braços e a afaga. Dessa forma Mila acalma e faz a criança parar de chorar. Até aí nada de mais. Mas ao amanhecer os médicos ficaram estarrecidos ao ver a criança curada da enfermidade causadora da febre e o mais importante: Mila constatou que não sentia mais fome, estava completamente saciada. A moral dessa parte da história é que a personagem nos ensina que, enquanto o coração biológico se alimenta de receber, o espiritual o faz ao se doar. Em outras palavras, quando damos aos outros seres, em vez de perder, ganhamos. Se dispomos de 100 reais e pagamos algo que custa 50 reais, ficamos com a metade do que tínhamos. Mas, se a doação foi feita em generosidade a alguém ou a uma causa para o bem social, podemos dizer que nos desfizemos da quantia de dinheiro que doamos, porém ficamos felizes com nossa atitude de ajudar. Interessante perceber que quanto mais bens materiais temos, menos preenchidos espiritualmente nos sentimos. Talvez esteja nos faltando doar mais. Nosso apego aos bens e ao dinheiro termina por nos fazer escravos das coisas. Estas nos comandam, e não o contrário. Às vezes só percebemos isso quando chega a oportunidade de nos desfazermos de roupas que só ocupam nosso armário, como no Natal. E a sensação que sentimos ao doar é simplesmente nutritiva ao coração espiritual. E é ainda mais intensa quando doamos algo de que precisamos a alguém que precisa ainda mais que nós. Porém, mais uma vez a cultura da posse favorece o Ego, nosso falso eu. Somos levados a nos identificar pelas posses que temos, e não pelo espírito que somos. E o resultado é uma vida de quantidade em detrimento de uma vida de qualidade. Ao longo da vida, acumulamos bens e dinheiro como se fôssemos levá-los na continuação da vida em outros planos, esquecendo-nos de que, quando aqui chegamos, viemos sem nada e sem nada daqui partiremos. Há um lindo pensamento de Jim Brown (muitas vezes atribuído ao Dalai Lama) que diz: "Os homens perdem a saúde para juntar dinheiro, depois perdem o dinheiro para recuperar a saúde. E, por pensarem ansiosamente no futuro, esquecem o presente, de forma que acabam por não viver nem no presente nem no futuro. E vivem como se nunca fossem morrer... e morrem como se nunca tivessem vivido".

Doar-se é sinal de querer servir, objetivo mais que divino, é nutritivo ao nosso coração. Todavia, saber se doar não passa apenas pela disposição de ser generoso e de participar da construção do mundo como um missionário do Criador. É preciso também usar a assertividade, pois nem todo mundo está preparado para receber. Da mesma forma que o ato de dar não pode ser mecânico, ou seja, apenas para cumprir uma formalidade, um costume ou até uma obrigação, o receber também precisa ser feito com amor e justiça. Não estaremos ajudando quem se coloca na posição de vítima, pessoas que não vão à luta porque é mais confortável viver de esmolas. A essas, talvez, em vez de dar algo, devêssemos dar orientação, questionamentos e provocações, a fim de que acordem para seus deveres e os cumpram para merecer seus direitos.

Nesse sentido é interessante registrar aqui o mito do Papai Noel. Conta-se que o velhinho, símbolo do Natal, surgiu inicialmente da figura de um personagem das terras frias que durante o inverno se vestia de vermelho e, com seu cão São Bernardo, se aventurava pelas montanhas nevadas em busca de sobreviventes que teriam se embrenhado nas matas gélidas e sido vítimas de nevascas ou simplesmente se perdido. O velhinho vestia-se de vermelho para ser mais visualizável, e o cão carregava água em um pequeno barril em volta do pescoço para que fosse mantida morna. Anos depois a história do mito continuou a partir de um príncipe chamado Nicolau que passava sorrateiramente na casa das mulheres solteiras cujos pais não tinham condições de pagar dotes para os casamentos e jogava, pela chaminé, saquinhos com moedas de ouro sem jamais se identificar. Essas duas versões, por mais que sejam metafóricas, podem nos dar uma linda dimensão do dar verdadeiramente generoso. Na primeira, o velhinho não sabia sequer a quem ia salvar, o que queria era resgatar pessoas cuja vida teria sido ceifada se não fosse sua bondade. Ou seja, puro amor em ágape. Na segunda, o fato de o príncipe não querer ser reconhecido e também dar a quem realmente precisava torna o nosso Natal contemporâneo uma excelente oportunidade de alimentar nosso coração químico.

CAPÍTULO 11

MEDITAÇÃO: A NUTRIÇÃO DO ESPÍRITO

Meditar é medicar! É "resetar" a mente, levando-a de volta à sua condição original de ser instrumento da alma.

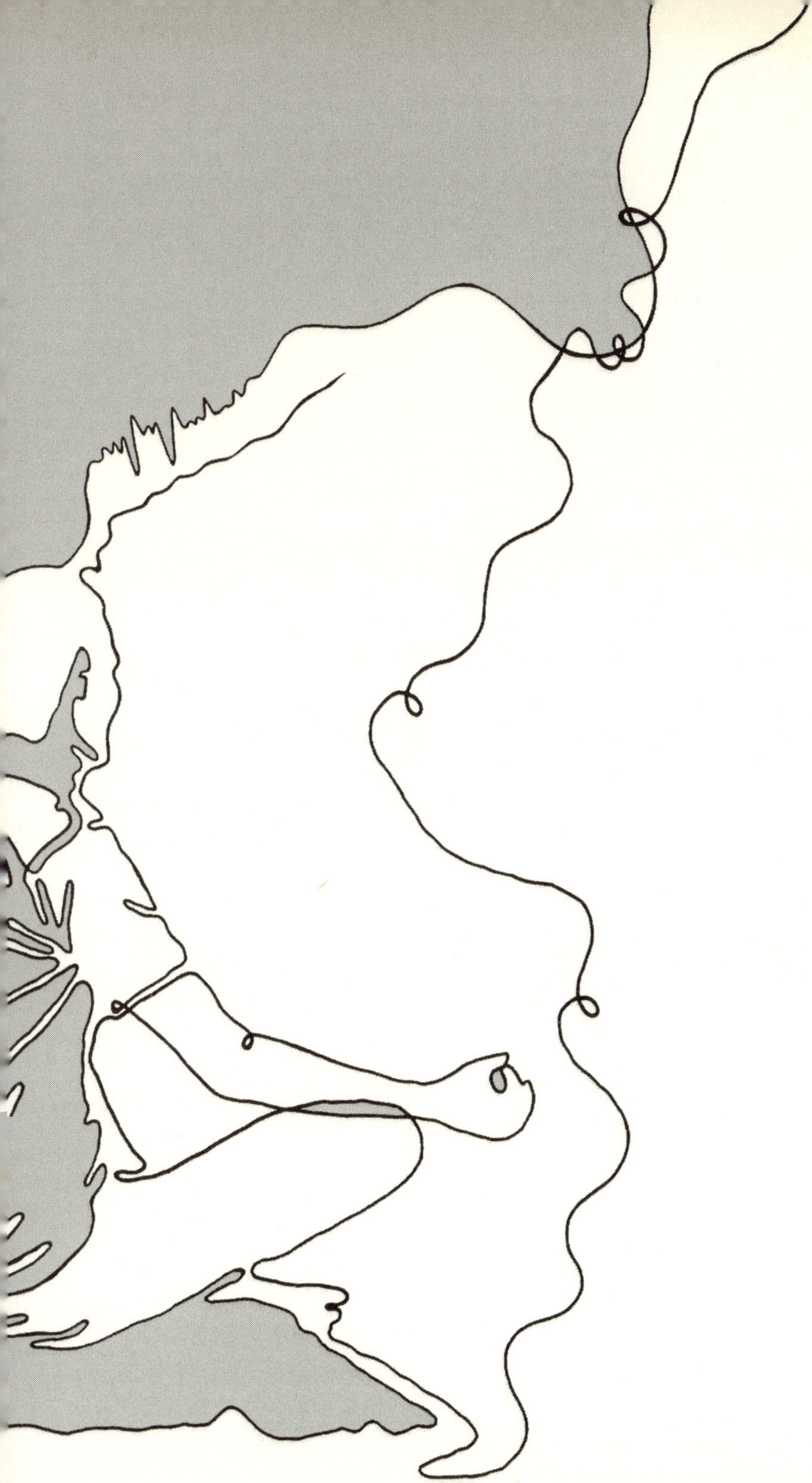

11

Antes da consciência de corpo, há a consciência da mente e, antes dessa, a consciência da alma. Nossa mente á uma faculdade da alma e tem como principal missão ser o elo entre a matéria física condensada e o espírito. Segundo os princípios da Raja Yoga, não somos um corpo que tem um espírito, mas um espírito ocupando um corpo. Nesse sentido não é coerente dizer "minha alma", "meu espírito", pois esse é o Eu que sou. Pode-se dizer "meu corpo", "meu cabelo", etc., mas não "meu espírito". Habitar um corpo para uma experiência humana com algum propósito de divinização quer dizer que nossa trajetória aqui neste plano tem uma função de resiliência. Viemos aqui para fortalecer o espírito e voltar para a nossa origem etérea mais fortes, mais evoluídos. Normalmente, nós nos preocupamos mais com a nutrição e o desenvolvimento do nosso corpo, o que na verdade não está errado. Nosso corpo é o templo onde habita nosso verdadeiro ser, a alma. Portanto, é importante também alimentar e nutrir a alma. Assim como temos as refeições químicas para o corpo, deveríamos também ter café da manhã, almoço, jantar e lanches para o espírito. Faça seu desjejum meditando ou orando. Almoce uma boa leitura que eleve o espírito e jante um bom filme, uma boa peça de teatro ou uma atividade que espaireça e relaxe. Nos intervalos faça pequenos lanches de três minutos, parando o que está fazendo, ou simplesmente ouça uma música, olhe pela janela ou respire de olhos fechados. Deixe de usar o celular até duas horas antes de dormir e tenha muito cuidado com o que vê na TV antes de ir para a cama. Cuidado com o que come antes de ir dormir. Um sono restaurador é importante para um amanhecer disposto e sereno. Um dia que começa bem tem a tendência de continuar bem; mesmo que atribulações aconteçam, sua percepção e sua calma cuidarão para que a pressão fique fora de você, que, assim, estará livre para agir com totalidade. O que você sente repercute no corpo (psicossomático), mas o que você põe no corpo também repercute na mente e depois na alma (somático-psíquico).

Durante nossa passagem por este plano terreno, o Universo nos convida insistentemente a avançar de quaisquer estágios primitivos, e, em razão dos obstáculos que se apresentam, nos fortificarmos. Mas nessa experiência, se não vencermos as dificuldades, corremos o risco de passar por aqui sem aprender o que aqui viemos melhorar. A teoria reencarnacionista diz que, nesse caso, voltaremos quantas vezes forem necessárias para mudar aquilo que precisa ser aprimorado em nós.

Sendo isso uma verdade, prossegue também que nossa verdadeira essência é espiritual e, portanto, imortal. Sempre existiu e sempre existirá. O problema é que muitas culturas, incluindo a nossa, tende a privilegiar a consciência de corpo e a de mente. Embora ambas sejam importantes e indispensáveis para a experiência neste plano, se as priorizarmos, deixaremos de alimentar a evolução do espírito que encarnou num corpo e criou o instrumento da mente justamente para possibilitar nossa vida material. Ao nascer, a mente recebe a companhia da criação do Ego, cuja missão é nos pôr à prova cotidianamente com conquistas a serem vencidas para fortalecer o espírito, como já dito. Num determinado nível, o Ego é útil. Sem ele, perderíamos a crença de que podemos realizar, podemos ser melhores. Todavia, depender e referendar o Ego como a um senhor nos leva à condição de seus escravos. A mente, que seria o objeto a definir os papéis dos nossos recursos, queda-se também ao domínio do Ego, enviando-nos comandos aos quais muitas vezes obedecemos cegamente. O cérebro, a residência da mente, não tem consciência própria. É a mente que o dirige, e o cérebro obedece, sem questionamentos. Se, ao assistir a um filme dramático, nos deixamos levar pela emoção e sofremos, foi a mente que assim comandou o cérebro para que este fizesse acionar os mecanismos físico-químicos do choro por meio de hormônios chamados de neurotransmissores. Se desejarmos interromper o sofrimento das emoções tristes do filme, temos de dizer ao cérebro: "Isso não é real!", pois ele não distingue fantasia de realidade. O inverso também pode acontecer: a realidade que está dentro de nós é a mesma que acontece lá fora. Num certo sentido, a realidade simplesmente não existe, como defende a física quântica. A realidade materializada nada mais é do que a projeção dos nossos pensamentos. Desse modo, se nossa mente estiver escrava do Ego, o que projetamos sempre será aquilo que o agrada. O Ego adora a vaidade, o que é mais fácil, e tudo que nos ilude. A ilusão, por sua vez, é um dos maiores venenos para a alma, posto que ela transporta apenas a aparência das coisas, causando-nos cegueira para o que é verdadeiro e fundamental.

É indispensável quebrar essa corrente em que a mente cria identidade própria e escraviza o seu portador. Para isso, várias técnicas podem ser usadas, e, de acordo com minha experiência, a meditação é uma das mais poderosas, pois, no silêncio puro, temos condições de acionar as forças do Universo, as mesmas que o regem. Há métodos de meditação que utilizam a mesma mente escravizadora para libertar o seu praticante, criando ou resgatando pensamentos puros e de elevação espiritual. Mas há também a meditação transcendental, por meio da qual é possível estabelecer um diálogo não verbal com o Universo. Nossa linguagem foi criada pelas relações entre os humanos, na medida em que o silêncio não foi suficiente para cumprir tal missão. O idioma foi uma ótima invenção, mas, da mesma forma que o idioma pode ajudar nossa conexão conosco mesmos e com o Universo, pode atrapalhar consideravelmente. As palavras contêm significados, e estes estão ligados às experiências vividas de uma forma ou de outra. Ao repetir ou ouvir, mesmo em silêncio, certas palavras, podemos ser levados a estabelecer conexões de significado que nos transportam aos seus valores e referenciais. São os conhecidos filtros da comunicação, praticamente impossível de não existirem quando verbalizamos algo tanto para quem emite quanto para quem recebe. As palavras são ferramentas indispensáveis para uma relação humana interpessoal, mormente entre pessoas que não se conhecem bem. Mas tanto para a comunicação interpessoal quanto para a intrapessoal é preciso que buscar a assertividade do que se quer comunicar. O Ego pode, mais uma vez, vir a ser um grande vilão, pois sorrateiramente pode nos fazer dizer o que não estamos realmente pensando. É comum dizermos aos outros aquilo que eles querem ouvir, e não necessariamente o que precisam ouvir, pois em geral as pessoas gostam mesmo é de ouvir aquilo que as envaidece, o que nem sempre é aquilo que as faz evoluir. Em minha opinião, amar é dizer ou fazer pelo outro aquilo que ele precisa, e não necessariamente aquilo que ele deseja.

Se nas relações interpessoais as palavras podem tanto ajudar quanto atrapalhar, pior ainda quando falamos conosco mesmos. Assim como posso iludir o outro, posso me iludir com minhas próprias palavras, e a desilusão, para mim, é uma das melhores coisas que pode nos acontecer. Explico: se a ilusão é a mentira, a desilusão é a verdade, e nada é melhor que a verdade, assim como nada é pior do que a mentira. O espírito adora a verdade, já o Ego pode se utilizar da mentira para agradar a mente! Por essas e outras razões, o silêncio estratégico pode ser uma excelente ferramenta de comunicação. Todos os tipos de meditação que conheço trabalham para atingir o momento do silêncio, pois o espírito é silencioso. Diz-se que, para falar com Deus, é preciso calar a voz!

Meditar nada tem a ver com religião, mas sim com espiritualidade. As religiões são métodos criados pelos homens para reaproximá-los do Criador. Elas podem ser eficazes e construtivas, mas também podem provocar fanatismo e alienação, na medida em que seus adeptos se deixem levar de maneira cega ou dogmática pelos ensinamentos contidos nos livros sagrados que toda religião tem. As escrituras não foram feitas por Deus, todas foram escritas pelos homens. E isso implica que seus dizeres passam pelas interpretações humanas, que, mesmo sendo inspiradas pela fé verdadeira, são passíveis das carências comunicativas da linguagem humana. E, como já mencionado, a mente mente! Quer ver um exemplo? Pense em algo que lhe aconteceu e que você já tenha contado a dezenas, talvez centenas de pessoas. Pare para analisar o fato e questione-se se da última vez que relatou o ocorrido o fez exatamente como da primeira! Claro que não! De acordo com o tempo decorrido entre o acontecimento e o momento em que ele está sendo relatado, de acordo com seu estado psicológico e de acordo com quem é a pessoa e em que circunstância a história está sendo recontada, haverá, com certeza, adições, subtrações e até substituições de partes da história. E, se levarmos em conta que quem ouviu também vai recontar a história a outras pessoas sob outras condições psicossociais, num determinado momento o acontecimento original pode chegar a ponto de não ter absolutamente nada a ver com o último relato do evento. E assim a gente vai percebendo e relatando as coisas por meio de uma linguagem que, antes de se articular, recorreu à mente (que mente) para se expressar.

O perigo está na complementação, às vezes involuntária, que nós, humanos, fazemos ao interpretar o que foi escrito. Orar pode ser um ato de elevação espiritual, pois é capaz de nos levar a deixar a cultura em que vivemos e aflorar a essência da proposta de Deus. Portanto, é importante rezar, pois seu propósito é nos colocar em conversação com o Pai. Orar é conversar com Deus, meditar é ouvir Deus. O silêncio de Deus comunica, e muito; basta saber ouvi-Lo. As orações, os rituais, músicas suaves, a contemplação da natureza, tudo pode nos ajudar a chegar até Deus, mas, uma vez estando lá, é preciso calar a voz, tapar os ouvidos e aguçar os sentimentos provocados pela vibração do Universo. Nesse sentido, muito me apraz a meditação do tipo transcendental, aquela que nos faz transcender a condição de percepção humana, expande nossa consciência para níveis superiores e nos coloca em sintonia silenciosa com o Criador.

Como instrutor certificado pelo Deepak Chopra Center, pratico e ensino a técnica da Meditação do som primordial (MSP), que, sendo derivada da Meditação transcendental, pode levar seus praticantes sinceros a chegar ao estado de uma mente tão quieta que as palavras são desnecessárias. Pratico a Meditação do som primordial há cerca de dez anos, e é impressionante a mudança que essa prática provocou em minha vida. Ainda sim não defendo a meditação como uma panaceia e muito menos como o único ou o melhor caminho para nos ligar conscientemente a Deus. Todos os caminhos podem nos levar ao Salvador, desde que sejam percorridos com autenticidade e com o coração comprometido com o bem. No meu caso, cristão apostólico romano, que frequento a igreja e rezo regularmente, sinto que as orações me abrem portas que facilitam a meditação por vir. E, quando a gente encontra algo que nos faz bem, o melhor a fazer é compartilhar com os outros. Pode ser que não seja o seu caso aderir à prática da meditação, mas, pelas evidências de sua eficácia preventiva e curativa que nos chegam cada vez mais frequentemente pelos relatos da medicina moderna, acho que vale a pena experimentar.

Meditação: O antídoto contra o estresse

"O homem primitivo viveu no Paleolítico, no Mesolítico e no Neolítico. E o atual, no Ansiolítico" (autor desconhecido). Ao contrário do que o senso comum dita, o estresse em si não é um vilão dos nossos tempos. Estresse até faz bem se levarmos em conta que sua função é nos colocar em estado de alerta, é nos levar a juntar todas as nossas forças para estarmos preparados para enfrentar um perigo iminente. Até aí tudo bem! O problema é que, após armarmos os mecanismos de defesa para enfrentar ou fugir – toda a adrenalina jorrada em nosso corpo, as contrações musculares, o sangue que se concentrou mais no coração para que este possa bombeá-lo para qualquer área específica onde será mais necessário que em nenhuma outra região do corpo –, nem sempre eles são desarmados. Isso é denominado "distresse", e esse sim é nosso grande inimigo. Ele pode causar reações doentias agudas que podem se tornar crônicas. Veja o quadro a seguir:

ESTRESSE AGUDO	ESTRESSE CRÔNICO
PRESSÃO SANGUÍNEA, ESTRESSE DO CORAÇÃO	DOENÇAS CORONARIANAS
HORMÔNIOS DO ESTRESSE	ANSIEDADE, INSÔNIA, VÍCIOS
CIRCULAÇÃO PARA O TRATO DIGESTIVO	PROBLEMAS DIGESTIVOS
PLAQUETAS PEGAJOSAS	ATAQUE DO CORAÇÃO, AVC
BAIXA IMUNIDADE	INFECÇÕES, CÂNCER

Durante a meditação, o corpo muda para o estado de consciência descansada, que é um contraponto à resposta "lute ou fuja". Durante a meditação, experimentamos:

- desaceleração do coração;

- normalização da pressão sanguínea;
- respiração e calma;
- redução dos hormônios do estresse;
- redução do suor;
- fortalecimento da imunidade.

*Fonte: Deepak Chopra Center

A prática regular da MSP funciona como um antídoto contra os efeitos descritos acima, pois, ao nos pôr em contato com nossa origem espiritual, nos traz de volta à condição de pureza e quietude com as quais nascemos. É como se "resetássemos" a mente, colocando-a novamente em estado de paz total. Ao acessar esse estado, acionamos nosso poder interior de lucidez, que nos leva a ver claramente além das camadas periféricas da realidade. Faz nos ver melhor o que está fora de nós e, por extensão, o que acontece dentro de nós. Se me perguntassem qual o maior ganho que tenho tido desde que comecei a praticar a MSP, diria que é a lucidez. Quando estamos lúcidos, enxergamos com mais certeza o que está acontecendo e como melhor nos relacionarmos com a vida. Não é que os obstáculos desapareçam, mas conseguimos "atravessar nossos infernos com serenidade".

É bom que se esclareça que meditação não é uma técnica de relaxamento físico, embora essa condição seja indispensável para sua prática. O verdadeiro objetivo da meditação é a conexão espiritual com a Luz Suprema, com a vibração das energias do Universo, cujo maestro é nosso Criador. Os efeitos do relaxamento físico podem ser imediatos, os da meditação, nem sempre. O investimento vibracional que se faz na ioga da meditação é profundos, e suas respostas às nossas percepções e *feedback* à realidade vão acontecendo ao longo dos dias seguintes. Nota-se que nossos gatilhos emocionais ficam mais controlados, nosso sentimento de pertencimento ao Universo fica mais evidente e a própria fisiologia do nosso corpo tende a ser mais hígida. Daí muitas doenças podem ser evitadas e até curadas, uma vez que, em estado de perfeição de funcionamento, nosso sistema imunológico age com mais plenitude. É importante, todavia, não nos entregarmos às expectativas, que são inimigas da meditação. São coisas do Ego, que, ávido por respostas aparentes, nos cria ilusões que roubam energias de nossa entrega ao ato de meditar.

Como meditar pelo método MSP - Resumo
(Meditação do Som Primordial) *Copyright Deepak Chopra*

1. Escolha um horário e um local conveniente. Ao acordar e ao chegar do trabalho são dois dos mais escolhidos por muitos praticantes;
2. Não se apresse para começar e terminar nem pratique após as refeições ou após atividades físicas;
3. Isole-se num ambiente. Se possível, informe às pessoas ou ponha um aviso na porta prevenindo qualquer interrupção;
4. Providencie luz de penumbra, se possível.
5. Sente-se confortavelmente numa cadeira, mas garanta que sua coluna e sua cabeça estejam eretas. Se você souber ficar em posição de Lótus, ótimo, mas isso não é condição obrigatória;
6. Se quiser, pode pôr uma música instrumental suave em volume baixo. Ela pode ser apenas para os primeiros minutos ou pode durar o tempo que a meditação tomar;
7. Certifique-se de que seu celular esteja desligado. Não adianta deixá-lo programado para vibrar, pois no silêncio total a vibração será ouvida;
8. Agora, já sentado(a) confortavelmente, feche os olhos e faça cinco respirações profundas e lentas. Preste atenção às respirações. Sinta, conscientemente, o ar entrando nos seus pulmões e deles saindo. Inspire com as narinas (boca fechada) e expire pela boca. A cada vez que expirar, relaxe uma região do corpo. Na primeira respiração, a cabeça, o pescoço e os ombros; na segunda, o tórax e o abdômen; na terceira, os quadris, as coxas e os joelhos; na quarta, as pernas e os pés; na quinta, faça uma respiração mais longa ainda e, ao expirar, relaxe o corpo todo de uma só vez;
9. Agora, com respiração normal (porém lenta), faça uma "varredura" no seu corpo, da cabeça aos pés, e verifique se ainda há alguma parte contraída. Mentalize essa região e, ao expirar, ordene que ela relaxe.
10. Se você já tem o seu mantra individual, comece a utilizá-lo. Caso contrário, use o mantra universal "So Hum" (pronuncia-

se "SOU HAM" (o "h" tem som de "rr", como em "carreira");
11. Comece a repetir o mantra silenciosamente, mantendo os olhos fechados e a respiração lenta. Mantenha-se assim por cerca de 20 minutos.
12. Durante a repetição (apenas mental) do mantra, você pode notar que pensamentos involuntários podem aparecer. Simplesmente não ligue para eles. Deixe que passem e volte suavemente à repetição do mantra;
13. Não se preocupe com o tempo. Use um despertador não estridente, ou seja, suave. Pode ser o do celular (desde que este esteja programado para não receber chamadas). Há um aplicativo chamado "*Medigong*" que desperta com sinos de meditação;
14. Quando terminar, não se apresse. Pare de repetir o mantra, mantenha os olhos fechados por mais uns dois minutos e depois, lentamente, mexa os dedos dos pés e das mãos. Dê uma boa espreguiçada, esticando os braços, e abra os olhos lentamente;

Meditação: O silêncio que fala mais alto

Todos nós falamos algum idioma e às vezes até dominamos vários nas formas sintática, morfológica e lexical. Alguns de nós têm mais facilidades para concatenar as palavras, ordená-las em sequência lógica, poética ou técnica. Dependendo do assunto e se o contexto é formal ou informal, técnico, acadêmico, histórico, religioso ou até mesmo poético, haverá mais ou menos expertise na arte de nos comunicarmos com as palavras.

E, no caso o Brasil, quem tem uma retórica mais bonita, sobretudo se vem carregada da emotividade e da dramaticidade a que nós, latinos, estamos afetos e acostumados a valorizar e nos deleitar, convence com facilidade incautos analfabetos da emoção em detrimento, muitas vezes, do conteúdo e até da veracidade ou congruência dos postulados defendidos.

Mas, apesar dessa idolatria da competência da verbalização, pesquisas abalizadas insistem em provar que apenas 12% do que comunicamos deve ser creditado às palavras. Todo o restante é devido à linguagem corporal, ao tom das palavras e, mais profundamente, à energia que transporta os conteúdos e as formas do idioma em uso.

Talvez, ao longo do desenvolvimento das relações sociais entre os homens e até entre seres de outras espécies ditas "irracionais", tenha-se sofisticado a mecânica da "idiomatização" verbal de tal forma que, como muitos outros registros, nos afastaram da essência comunicativa, fazendo-nos dar à cereja do bolo um papel mais importante do que ela deveria ter, ou simplesmente invertemos os valores – ou seja, a aparência do que se quer comunicar termina sendo a supremacia, e o verdadeiro sentido do comunicado fica em segundo plano.

Assim, criamos uma sociedade que se baseia não somente nas roupas que seus membros vestem, nos bens que possuem ou nos títulos que lhes dão status, mas também em tudo aquilo que aprendem a fingir para agradar os egos do emissor e do receptor, cujas interações sociais terminam por expressar uma superficialidade, que no final mais serve para separar as pessoas do que para uni-las.

Não se deseja aqui defender a nulidade da linguagem, muito menos desconsiderar sua riqueza, que ao longo do tempo se desenvolveu e, se usada com verdade, desempenha importante função no relacionamento interpessoal. Muito pelo contrário, sabemos e assumimos que a linguagem verbal é uma das maiores conquistas sociolinguísticas da história da nossa espécie. Ela proporciona vantagens operacionais que encurtam caminhos, registram ideias e fatos que são trampolins para o desenvolvimento das sociedades através dos tempos, transmite experiências nefastas que não devem ser repetidas e enaltece aquelas que, exitosas, devem ser replicadas e potencializadas.

Todavia, o problema que desejamos aqui enfocar em contracorrente à riqueza potencial da comunicação verbal é a possibilidade de nos afastarmos do poder e do uso do silêncio como vetor de comunicação da essência real do que se deseja transmitir. Em muitos e muitos casos, saber ouvir tem sido apontado como uma habilidade tão ou mais importante do que falar. Aprendemos a falar sem nos ouvir, assim como a escutar sem também ouvir os outros.

Por incrível que possa parecer, na era suprema da comunicação, certo vazio existencial de vez em quando vem nos inquietar, dizendo que precisamos fazer mais silêncio. Considerando o excesso de decibéis a que estamos sendo bombardeados, as verborreias das falações a que nos expomos, a falta de diálogo interno conosco mesmos e o exagero da altura de vozes com as quais queremos impor nossas ideias ou descarregar emoções abafadas para o mundo que nos rodeia, urge que saibamos incluir a respiração silenciosa nos intervalos de nossas conversações e a utilizemos para conversar com o nosso Eu Superior com mais frequência e intensidade.

O primeiro passo para essa evolução, ou para esse resgate do valor do silêncio em nossa vida, seria ouvir mais que do que falar. Rubem Alves dizia que precisamos fazer menos cursos de oratória e mais de "escutatória". Da mesma forma, eu ousaria complementar dizendo que precisamos pensar, sentir e até fazer mais do que falar. Se prestarmos bem atenção, veremos que, quando escutamos o nosso diálogo interno, ele está carregado de forças egoicas que estão sempre nos afastando da humildade de reconhecermos nossa pequenez. Uma figura chamada Ego (nosso falso Eu) adora nos fazer pensar que somos os melhores e que, apesar de errarmos, os outros sempre erram mais que nós. Além disso, quando escutamos o outro, estamos mais preocupados com o que vamos dizer do que com o que o outro está dizendo.

Infelizmente, essa mecânica, qual muitos de nós na maioria do tempo estamos acostumados a aplicar, acontece até mesmo em nossos diálogos com o Criador. Para exemplificar, conto-lhes a seguinte parábola: Uma vez um padre desafiou um fiel frequentador de sua paróquia dizendo: "Prometo que te darei um cavalo se conseguires rezar o Pai-Nosso inteirinho sem pensar em qualquer outra coisa". O fiel católico aceitou o desafio e começou a rezar. No meio da oração, ele parou de recitar, virou para o padre e perguntou: "O senhor me dará os arreios também?".

Orar é conversar com Deus. Meditar é ouvi-Lo! E é exatamente aí que começa a magia do silêncio puro de que a meditação pode nos prover. Nada falará mais alto ao nosso coração do que o silêncio da meditação! Especialmente se estivermos usando a técnica da meditação transcendental (criada por Maharishi Mahesh Yogi), que se utiliza de mantras em repetições, nos quais, nos intervalos, a mente fica vazia de pensamentos, já que os mantras são sons onomatopaicos de sânscrito e para nós nada significam. É exatamente nesse intervalo, o *gap*, como é chamado, no silêncio entre os pensamentos, que a conexão vibracional com poder quântico acontece e nos une, sem nenhum tradutor, à energia essencial do Universo, e nada, absolutamente nada, fala mais alto que isso!

Física quântica é energia unificada. Sua abrangência é onipresente e onipotente. Deus está e Deus é a vibração quântica do Universo. Nesse sentido, Deus está em nós e nos nEle. Como se diz em sânscrito: "Ahum Brahmasmi" (Eu sou o Universo). E Deus não fala nenhum idioma, muito menos grita! Deus vibra em silêncio! A voz silenciosa de Deus é a Luz, que, longe de ser verbal e cheia de imperfeições de qualquer idioma, é pura, verdadeira, pois contém em cada um de seus átomos toda a verdade do Universo!

Como foi dito, um famoso cantor de música popular brasileira poetiza dizendo que "pra falar com Deus é preciso calar a voz"! Mas eu digo que se pode calar a voz ao falar com os olhos, que se pode provar o gosto respirando pelos pulmões e que se pode sentir o tato no bater do nosso coração. Em outras palavras, o silêncio verdadeiro não é o que nos retira os decibéis da acústica, mas o que nos liga espiritualmente com às energias e as vibrações de nós mesmos, das outras pessoas e da natureza. Silêncio não é apenas não falar, mas é um estado mental!

Tudo isso é ouvir! Tudo isso é falar em silêncio! E o que rouba o silêncio interno? Confusão, insegurança, solidão, sentimentos de subserviência, de não ter nada bonito na vida, doença, problemas com dinheiro e relacionamentos. A vida hodierna que insiste em nos fazer percebê-la como caótica e desvairada corrida, dando-nos a impressão de que o dia tem hoje menos que 24 horas, nos dá a cada minuto a chance de meditar o silêncio. Nem sempre precisamos de longos períodos para silenciar. Num minuto que você aquieta a mente para ver não só com os seus olhos físicos, mas com a inteireza espiritual do terceiro olho, estará interagindo com a vibração silenciosa do Universo.

Segundo a Organização Espiritual Brahma Kumaris, "uma vez que o terceiro olho tenha sido aberto, não vemos apenas o corpo, mas a alma no corpo. A atitude muda. Aqui, há atenção sobre a limpeza e a pureza, há um sentimento muito pacífico e doce. Quando assimilar a pureza, nada poderá torná-lo sem paz, e você experimentará o silêncio". E você pode degustar esse estado em uma flor que desabrocha, em um pássaro que voa, no olhar cheio de sabedoria de um ancião ou no sorriso puro, sem nenhum fingimento, de uma criança, enfim, um mínimo *tic-tac* para o seu relógio, mas um grande silêncio para o seu dia!

Silêncio meditativo é de origem endógena, ou seja, nasce de dentro para fora de cada um de nós. Mas, ao mesmo tempo que é resgatável em nossas entranhas espirituais, também vem do Universo que está fora e concomitantemente dentro da gente. O problema é que nossa sociedade – em especial a ocidental – acostumou-se a se referenciar pelo que está falaciosamente fora de nós. É claro que é preciso levar em conta os estímulos exógenos (os que advêm de fora), mas não se pode deixar de ouvir os sinais que, de dentro de nós, lastreiam ou denunciam os desencontros entre o interior e o exterior de nossas intra e inter-relações.

Portanto, escute o seu coração bater e o seu sangue correr. Ouça o farfalhar das folhas ao vento, mas escute também o fisicamente inaudível som das estrelas. E, quando a descrença sobre o etéreo bater à sua porta, diga-lhe, em silêncio:

"Ora (direis) ouvir estrelas! Certo,
Perdeste o senso!" E eu vos direi, no entanto,
Que, para ouvi-las, muitas vezes desperto
E abro as janelas, pálido de espanto...

E conversamos toda a noite,
enquanto a Via-Láctea, como um pálio aberto,
Cintila. E, ao vir do sol, saudoso e em pranto,
Inda as procuro pelo céu deserto.

Direis agora: "Tresloucado amigo!
Que conversas com elas? Que sentido
Tem o que dizem, quando estão contigo?"

E eu vos direi: "Amai para entendê-las!
Pois só quem ama pode ter ouvido
capaz de ouvir e de entender estrelas".

Olavo Bilac

CAPÍTULO 12

ORGASMO ESPIRITUAL

"A alma inteira nunca está concentrada a não ser no êxtase."

Hugo Hofmannsthal

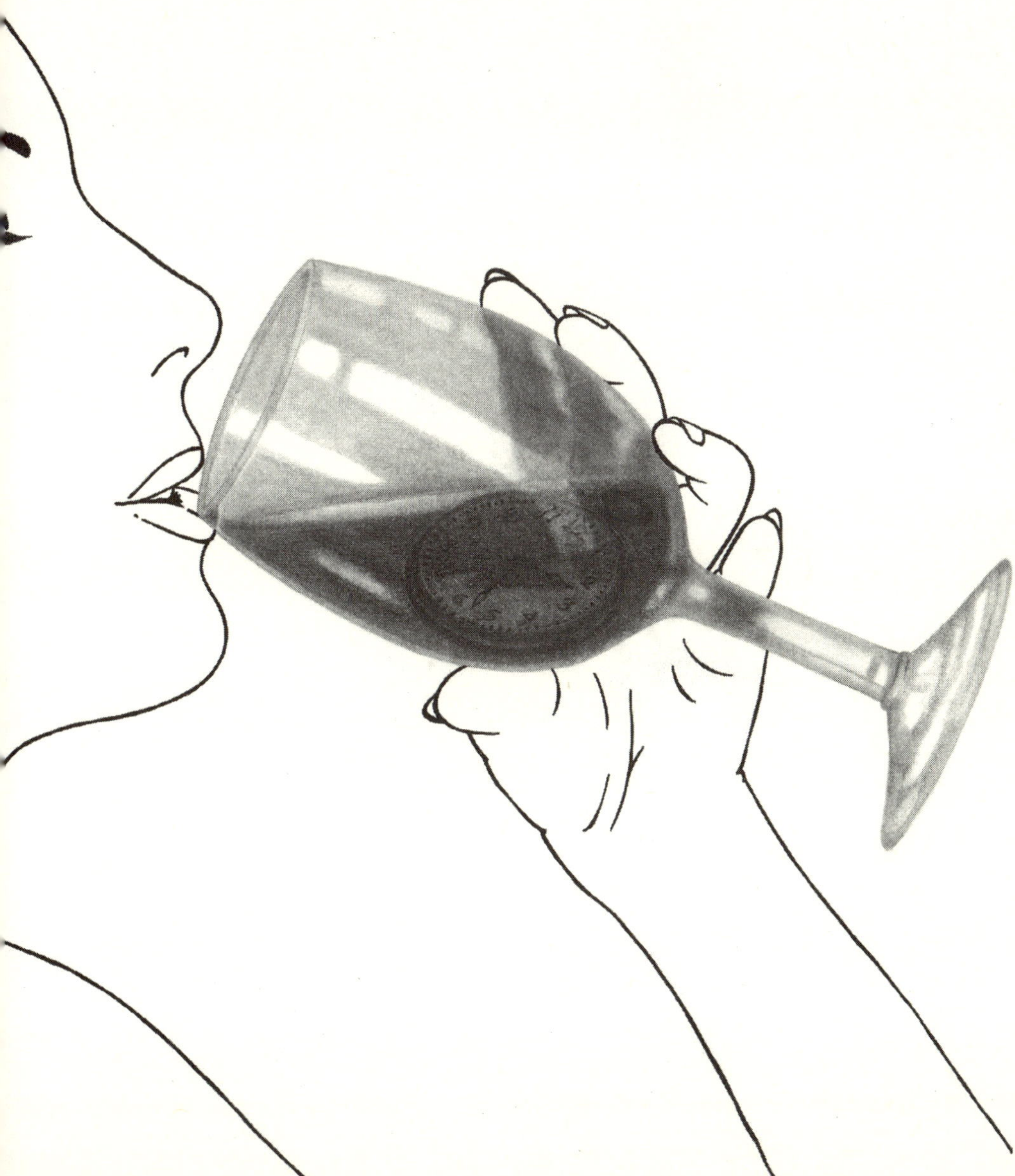

12

De todas as conquistas que podemos ter, de todos os diplomas e premiações que podemos receber e de todos os reconhecimentos que podemos merecer das pessoas, nada será maior do que o sentimento de termos vencido a nós mesmos ou a alegria de termos vencido por esforço próprio e de maneira digna, justa e ética. Não há substância alucinógena nem riqueza material capazes de substituir o êxtase da alegria provinda de uma conquista pessoal interna. De uma simples atitude, como vencer a preguiça de acordar cedo, levantar e ir fazer o que precisa ser feito com amor, dedicação e altruísmo, até conquistar o pódio de uma Olimpíada depois de anos a fio de sofridos treinamentos, tudo é impagável. Às vezes a vitória é até celebrada em silêncio, sem festas e foguetes, mas o orgasmo espiritual que acontece dentro da gente é incomensurável. Em si, ele basta. Não precisaria de diplomas, aplausos ou títulos. Em si, o êxtase da vida plena é suficiente. Todavia, mais uma vez o Ego usurpador pode nos desviar da alegria interna verdadeira e nos levar à ilusão, fazendo com que nossas intenções sejam dirigidas a outros objetivos, como a percepção de que é para obter aplausos que conquistamos vitórias. Não que o reconhecimento público seja, em si, negativo, mas ele pode nos levar a inverter valores se priorizado. Em outras palavras, é para o Universo que tenho de prestar contas da missão que me foi dada, e o Universo nos fala em forma de vibração silenciosa, e não em gritos emocionados de discursos demagógicos. Nossas vitórias e nossas derrotas podem ser vistas e acompanhadas pelos outros até mesmo como exemplos didáticos a serem seguidos, mas a primazia do reconhecimento ou da cobrança pertence ao Universo. E, se levarmos em conta que temos o Universo dentro de nós, seremos nós mesmos os primeiros a nos reverenciar. Saber de nossas verdadeiras intenções e estar em paz conosco mesmos quanto às ferramentas que usamos para conquistar nossas vitórias é tarefa de autoconhecimento.

Nosso problema é que muitas vezes pensamos mais sobre o que os outros pensam sobre nós do que em nossas verdadeiras intenções. Outorgamos a eles, exageradamente, o poder de decidir o que queremos e nos deixamos à mercê de suas aprovações ou reprovações. Nossas alegrias, então, passam a ser as dos outros, assim como nossas tristezas. Temos de pensar no bem comum, mas isso não significa que tenhamos de perder o nosso referencial interior, e este deve ser a própria Vontade (V maiúsculo proposital aqui) do Universo. Às vezes viver a verdade dos outros significa viver a mentira de nós mesmos. A partir dessas distorções, terminamos criando a ilusão de que os outros é que podem nos fazer felizes ou de que os outros é que causam nossa infelicidade. Da mesma forma, origina-se o hábito de observarmos mais a vida dos outros do que a nossa. Entendemos mais sobre os outros do que sobre nós mesmos. Queremos amar mais os outros do que a nós mesmos. Enfim, conhecer o outro e o mundo e entender como funcionam é fundamental para nossas relações com o ambiente, mas, à medida que não investimos em nosso autoconhecimento, não respeitamos nossas próprias necessidades existenciais nem reconhecemos dentro de nós mesmos nossas forças e fraquezas, estamos nos condenando a não ter participação genuína na evolução do Universo.

Há uma diferença entre o sentimento de prazer e o de alegria. O primeiro é um recorte da vida, um momento. O segundo não tem duração nem tamanho mensuráveis. O prazer é oriundo do ambiente; a alegria, do nosso Eu superior. A alegria de uma criança é descompromissada de quaisquer coisas que possam minar sua intensidade e sua autenticidade. Meu filho mais novo, quando tinha cerca de 6 anos, foi abordado por mim para irmos ao comércio escolher seu presente de Natal. Antes de sair de casa, ele me disse: "Eu já escolhi: quero um gatinho!". Fomos então procurar o tal filhote, sem, infelizmente, obtermos êxito. Então insisti: "Vamos ao shopping, e lá você certamente encontrará algo do seu agrado". Ele me retrucou: "Não preciso ir ao shopping. Eu quero um gatinho!". Mesmo assim, fomos ao shopping, e eu praticamente o forcei a ir procurar algo. Já era a noite natalina, e eu não o queria ver sem seu presente, afinal, para nossa sociedade, não ficaria nada bem todos receberem seus presentes e alguém ficar de fora, ainda mais o filho caçula. Ele, então, foi procurar algo que quisesse, mas não demorou muito, voltou e disse: "Eu quero um gatinho!". Então eu insisti: "Procure outra coisa, e eu comprarei. E, mesmo assim, lhe darei um gatinho, mesmo que não seja mais Natal". Ao que ele respondeu: "Não precisa comprar nada agora. O que importa é eu ter meu gatinho em qualquer noite, mesmo se não for Natal". Mesmo assim, não me convenci e fui a uma clínica veterinária. Como já estava fechada (já era mesmo a noite de Natal), bati na porta, e o vigia veio me atender. Contou-me que tinham uma ninhada recém-nascida, mas que o único que restara estava magro, fraco e doente. Talvez por isso mesmo ficou sobrando, os outros todos haviam sido vendidos. Expliquei ao meu caçula a situação, mas prometi-lhe que, assim que possível, lhe compraria outro, mesmo fora da cidade. Ele simplesmente respondeu: "Não importa que esteja fraco, magro e doente. Eu quero é o meu gatinho!". Ele o ganhou de Natal, e eu nunca vi uma criança tão feliz como ele naquela noite. Puro êxtase, 100% natural!

Faço questão de detalhar um pouco mais a questão do reconhecimento externo, ou da motivação exógena, que vem de fora para dentro. Não é que não tenha valor, mas é que não devem ser o principal. Quando isso acontece, é como se tirássemos de nós os deveres e empobrecêssemos os direitos que temos em relação à vida. Como trabalho com escola, é comum ver a reação de muitas mães quando recebem o boletim dos filhos com as notas, no fim dos bimestres ou do ano letivo. Se as notas são positivas, elas dizem: "Muito bem! Parabéns! Mamãe aqui fica muito contente! Continue fazendo a mamãe feliz e receberá muitos presentes!". Já quando os resultados são negativos, ou até mesmo há reprovação, elas dizem, em tom de carão: "Como você pôde fazer isso com a mamãe? Tanto esforço que eu e seu pai fazemos, e é assim que você nos retribui?". Veja bem: nada de errado em reclamar das obrigações não cumpridas dos filhos! Eles precisam ser estimulados a continuar tendo bom desempenho e devem ser assertivamente cobrados quando não cumprem suas tarefas. O problema é que na maioria das vezes não vejo as mesmas mães (ou pais) explicarem a seus filhos que os primeiros a ficar contentes com os bons resultados devem ser eles mesmos, assim como os primeiros a se lastimarem por não ter se esforçado o bastante são eles também. Dessa forma, estamos educando para que as pessoas adultas não se comportem para agradar ou para cobrar dos outros as razões de suas felicidades ou suas infelicidades.

Não foi fácil fazer o segundo mestrado. Como não podia parar de trabalhar para me dedicar somente aos estudos – o que era mais que aconselhável –, tive de me sujeitar a passar cinco meses de julho seguidos interno numa universidade, fazendo o intensivo do curso de mestrado regular. Fazia em um mês o que as pessoas levavam um semestre. E foi na *Big Apple! New York City*! Uma cidade mais que convidativa à diversão e à exploração cultural dos museus, das galerias de arte, das compras, etc. Aparentemente isso seria uma grande vantagem, não fosse o fato de que os estudos me tomavam muitas vezes todos os fins de semana. E, quando voltava ao Brasil, ainda tinha aulas on-line e deveres para fazer entre os semestres que separavam os próximos meses de julho. Quantas vezes pensei em desistir! Já com mais de 55 anos, a vida praticamente estruturada, os filhos criados e patrimônios conquistados, perguntava-me para que tanto esforço. Em termos financeiros, aquele curso não faria nenhuma diferença no que eu ganharia, pois não se tratava da busca de uma promoção no meu trabalho. Mas, quando pensava nas alegrias de conhecer melhor a vida por meio das aulas, com seus debates, e das pesquisas, vinha-me a alegria antecipada de estar me construindo mais e mais internamente. E no dia em que terminei a última aula, depois de cinco anos de curso, a primeira coisa que fiz – antes mesmo de informar à família, que sempre me deu tanto apoio – foi ir à igreja. E lá, sem missa e sem nenhum movimento – eu totalmente em silêncio, olhando para o altar do Cristo crucificado –, disse: "Obrigado!". Bastou aquela palavra, e minha festa de diplomação jamais teria êxtase maior. Minha foto foi divulgada nos jornais de minha cidade, minha família me recebeu em festas, minha sogra fez aquele almoço especial de domingo, e meus irmãos me homenagearam numa celebração na cidade do interior onde nasci. Meus filhos escreveram coisas lindas, minha equipe de trabalho postou congratulações sinceras e poéticas. Tudo, tudo foi gratificante! Ainda hoje agradeço as gentilezas. Mas tenho de dizer que nada, nada foi tão grandioso quanto aquele "obrigado" dito em silêncio na Catedral de Saint Patrick em Nova York. Ainda hoje mantenho o hábito de, em silêncio, todos os dias, agradecer ao Pai com a mesma veemência por tudo que me acontece por Seus desígnios. Todavia, o que mais me agrada é que tenho a sensação de que ouvir dEle que também devo agradecer a mim pelo que fiz. Da mesma forma, quando não mereço tanto, sinto não só êxtases falsos, artificiais, mas também a sintonia correspondente do Universo a recusar a conexão da vitória.

    Orgasmo físico é bom. Orgasmo mecânico pode ser bom. Mas nada melhor que orgasmo com amor! Estaria no orgasmo com amor o suprassumo da vontade de se doar ao outro e a si. Orgasmo físico dura segundos; orgasmo espiritual, muito mais tempo. Orgasmo espiritual renova-se mesmo sem o ato. Ele se repete todas as vezes que, de bem com a vida, vemos uma criança sorrindo sem que lhe tenham pedido. Compare o sorriso solto de uma criança com aquele das fotos em que alguém dizia: "Sorria!", e perceba a diferença monumental que existe. Da mesma forma que aprendemos a sorrir para as fotos, aprendemos a fingir orgasmos sexuais. Da mesma forma que festejamos de forma mecânica uma vitória conquistada sem méritos, gostamos de ser reconhecidos mais pelos outros do que por nós mesmos. A maior e melhor plateia que podemos ter é o próprio Universo, e este não gosta de publicidade. A maior reprovação que podemos ter é a do Universo, e este nunca o faz com humilhação pública. E a maior glória que podemos sentir é termos a consciência de estar cumprindo nossa missão, nos confiada por Deus, aqui neste plano. Que não se deixe de reconhecer, particular ou publicamente, o que os outros fazem de bom, mas que se priorize a homenagem silenciosa, pois ela carrega o reconhecimento mais desprovido da vaidade do Ego. Que não se deixe de desaprovar o que nós e os outros fazemos ou deixamos de fazer em prol de um mundo melhor, mas que, antes, provoquem-se reflexões de que nossas (e suas) maiores dívidas são mesmo para com o Universo.

CAPÍTULO 13

INTELIGÊNCIA EMOCIONAL

Ser inteligente emocionalmente é conhecer a si e aos outros e saber administrar a relação.

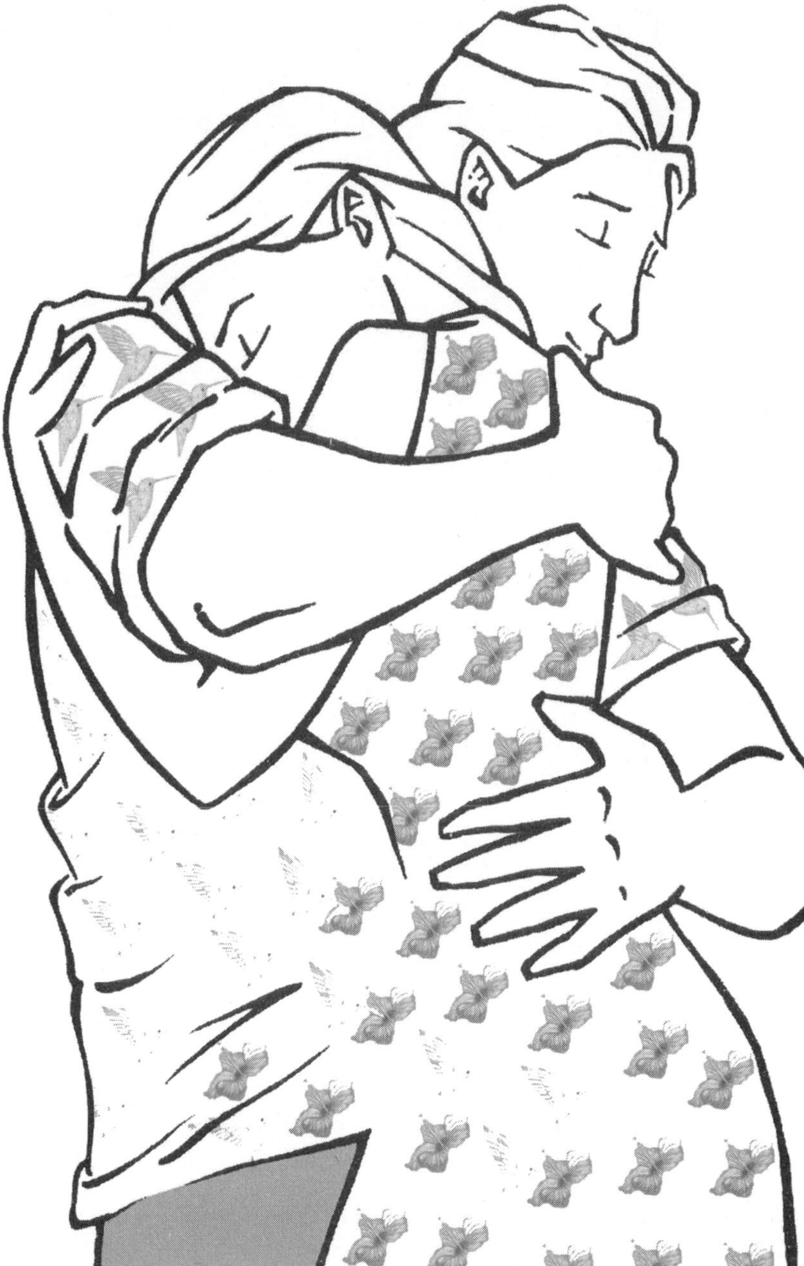

13

Você já deve ter presenciado as cada vez mais frequentes "guerras de Ego" em reuniões ou encontros sociais. Tem sido cada vez mais comum ver as pessoas tentando convencer umas às outras de que elas estão mais certas do que seus interlocutores. Os debates entre as pessoas, quer sejam acadêmicos, técnicos, políticos, quer sejam informais, poderiam ser excelentes fontes de construção de novos pensamentos e da evolução da consciência das pessoas, se não fosse a inserção dos Egos inflados das partes que compõem a interação social. É muito comum se transportar do embate sobre as ideias para o julgamento da maneira de pensar das pessoas que as defendem. Tenho um exemplo pessoal. Há muitos anos, quando iniciava no magistério da língua inglesa, tive a oportunidade de conversar com um estrangeiro para praticar o idioma. No decorrer do diálogo, defendia uma ideia em que acreditava quando ouvi do meu interlocutor o *feedback*: "That's a stupid idea!" (Esta é uma ideia estúpida!). Imaturo na idade, pouco conhecedor da cultura do país de origem daquele interlocutor e, mais ainda, muito imaturo emocionalmente, reagi como uma criança, assumindo a frase como uma ofensa direta à minha pessoa. Bastou aquela frase para eu me calar e ficar algumas semanas tratando a pessoa com indiferença. Nossa relação quase seria encerrada, não fosse a intervenção dele ao me perguntar, noutra oportunidade, o que estava acontecendo comigo, que costumava tratá-lo com bom humor e cortesia e agora o estava ignorando e até o evitando. Quando contei a ele por que estava ofendido, ele riu, até tirou sarro de mim, mas me explicou que, ao dizer que minha ideia era estúpida, nada tinha a ver com a minha pessoa. Riu muito, porque em sua terra natal aquele tipo de expressão era mais que natural, e ninguém jamais se ofenderia. Fiquei com muita vergonha e procurei, a partir dali, evitar que aquele tipo de comunicação me soasse como insulto. Depois disso, tive milhares de conversas com estrangeiros, visitei dezenas de países, morei e trabalhei nos Estados Unidos e, na maioria dos contatos que mantive, quando ocorre este tipo de coisa, sinto que minha mente já não mais assimila daquela forma infantil, como antes acontecera. No entanto, quando o contato é com pessoas de minha cultura, sobretudo pessoas mais íntimas, como familiares e amigos, sinto que meu *mindset*, minhas crenças mais profundas, quando estou nesse contexto, ainda me traírem e me levam a reagir de forma emocionalmente imatura.

    Hoje entendo que nosso Ego faz tudo para nos identificar com coisas que não compõem o nosso Eu verdadeiro. Ego é o que você tem, o que você faz. Quando perdemos o que temos ou o que fazemos, sofremos pela perda de nós mesmos, pois nos acostumamos a nos identificar com o que temos – títulos, nomes, etc. –, e não com o que realmente somos. Assim, somos levados a fazer dos nossos bens materiais uma extensão de nossa essência. Se alguém fala mal da marca do nosso carro, logo pensamos que também está falando mal de nós. E assim o processo se estende por tudo o que nos rodeia ou nos envolve. Interessante ouvir algumas mães dizerem: "Ofendam-me à vontade, mas não falem mal dos meus filhos, que eu viro fera!". Torcedores fanáticos de times de futebol não suportam ouvir de torcidas adversárias que seu time jogou muito mal, e nós, brasileiros, tendemos a reagir com energia emotiva às pessoas que, não sendo brasileiras, apontam imperfeições da nossa pátria. Ainda me considero muito imaturo emocionalmente para uma boa quantidade de ocorrências, mas uma das maiores vitórias que conquistei em mim mesmo foi hoje poder assistir a uma partida de futebol entre meu time e seu principal adversário, aplaudir (com sinceridade) a vitória do oponente e sair do estádio leve e desapegado da tristeza que outrora me tiraria o fim de semana.

Fatos como os acima descritos têm muito a ver com o processo de maturidade emocional, e este depende da evolução de duas inteligências que precisam ser desenvolvidas para que aprendamos a pensar fora do Ego: a inteligência emocional e a inteligência espiritual. De forma simples, podemos definir a primeira como a habilidade de se autoconhecer, conhecer o outro e administrar as relações.

Em capítulos anteriores já falamos sobre autoconhecimento. Volto a tocar no tema só para acrescentar que o Ego não gosta disso, pois, ao nos autoconhecermos mais profundamente, descobrimos as armadilhas que ele nos arma. Mas é na corajosa análise sobre minhas forças e fraquezas, no assumir minha verdadeira identidade e na legitimação prática dos valores que realmente defendo que posso me relacionar comigo mesmo, com os outros e com o mundo com a autenticidade libertadora que me leva ao sentimento de uma felicidade real.

Ainda sobre inteligência emocional, é sempre bom lembrar que minha percepção sobre os outros sempre traz os parâmetros que tenho de mim mesmo. Assim, de modo geral, quando penso que estou sendo ofendido pelos outros, na verdade, antes, ofendo-me comigo mesmo por aquele contexto. Em outras palavras, se não tenho uma boa relação intrapessoal, é muito provável que a interpessoal sofra as mesmas influências.

A pedagogia moderna tem recentemente falado muito das habilidades socioemocionais como um importante item a ser trabalhado nas escolas. Nada mais pertinente, pois de que adianta saber bem termos técnicos de suas profissões se não estão preparados para seus relacionamentos com os outros? O renomado médico e escritor Augusto Cury também tem investido de maneira pioneira na produção de materiais que trabalham a gestão da emoção como proposta curricular. Eu mesmo tenho experimentado o projeto, e tanto eu quanto os alunos não temos dúvidas de que essa é uma imensa lacuna a ser preenchida não somente nas grades curriculares, mas nas intenções e nas ações das famílias na educação informal de seus filhos.

Emoções desmedidas, desviadas e desvirtuadas do seu propósito maior – que é serem vetores de nossas motivações e legitimadoras da sentimentalização que difere os seres humanos dos ditos "brutos" –, além de nos cegarem a lucidez, boicotam e sabotam nossas reais alegrias. Procuremos ser hábeis socioemocionalmente conosco mesmos e conseguiremos melhor nos relacionar com os outros. Mas, para que saibamos gerir nossas emoções, é preciso ter consciência da segunda inteligência citada, a espiritual, pois é nesse ninho que tudo começa.

Historicamente, temos acompanhando a trajetória dos diferentes tipos de inteligência (cognitiva, múltiplas e emocional), cada um se destacando em diferentes momentos da história da humanidade. Mais recentemente a atenção dos pensadores tem se convergido para a inteligência espiritual, que, segundo eles, é mais que determinante para a qualidade de vida, mormente, no que tange ao sentido que se dá a ela. Talvez exatamente porque, ao que tudo indica, as pessoas têm estado muito ansiosas na busca de soluções que as coloquem num trilho de estilo de vida capaz de prover realização, saúde e felicidade, e isso é intangível quando não se inclui a busca do sentido como a origem de tudo.

Mas é importante não confundir espiritualidade com religião. A segunda tem aumentado exponencialmente em número, o que necessariamente não significa o aumento da fé e da relação sadia com o Criador. Chamo de "relação sadia com o Criador" aquela que não leva ao fanatismo, que não mata em nome de Deus ou que não é cúmplice do Estado ou de qualquer instituição na implantação de ideologias separatistas, discriminatórias e preconceituosas em relação aos direitos humanos. A espiritualidade está acima das religiões. É o sentido maior da própria vida do Universo e, por conseguinte, de cada ser humano.

Segundo Danah Zohar, inteligência espiritual é uma terceira inteligência que coloca nossos atos e experiências num contexto mais amplo de sentido e valor, tornando-os mais efetivos. Ter alto quociente espiritual (QS) implica ser capaz de usar o espiritual para ter uma vida mais rica e mais cheia de sentido, adequado senso de finalidade e direção pessoal. O QS aumenta nossos horizontes e nos torna mais criativos. É uma inteligência que nos impulsiona. É com ela que abordamos e solucionamos problemas de sentido e valor. O QS está ligado à necessidade humana de ter propósito na vida. É ele que usamos para desenvolver valores éticos e crenças que vão nortear nossas ações.

A descrição de Zohar não só complementa a importância da inteligência emocional mas também nos aparece como um verdadeiro corolário da expertise que precisamos ter nas habilidades socioemocionais. O QS trabalha com o sentido das coisas, mais apropriadamente, com o sentido que damos às coisas, a tudo o que nos diz respeito. Qual é o sentido dos nossos relacionamentos a não ser a interação social construtiva? O que cada pessoa ganha quando, depois de uma experiência de encontro social, cada um sai menor do que chegou? Quando me encontro com uma pessoa, tenho, com certeza, contribuições que podem melhorá-la e evoluí-la. Os outros, todos, também podem comigo contribuir para minha evolução quando me passam suas percepções e suas experiências. No final 1 + 1 não é = 2, mas é = 3! Uma relação sadia, cheia de sentido altruísta alimenta o espírito, que, por sua vez, lubrifica e redireciona as emoções.

Como nos autoconhecer? Como encontrar o sentido de nossa vida? Perguntando a nós mesmos se nos autoconhecemos. Uma boa técnica para percorrermos o caminho do autoconhecimento é o que chamam hoje de *autocoaching*. Por meio dele, podemos mergulhar em nosso íntimo e, melhor nos conhecendo, melhor conheceremos os outros e melhor poderemos administrar nossas relações. Talvez um pouco de conhecimento sobre *autocoaching* possa ajudar aqui. A arte de fazer *coaching* é, fundamentalmente, a arte de saber perguntar. Fala-se muito em *coaching* nas "perguntas poderosas", ou perguntas eficazes, que fazem toda a diferença. São esses tipos de questionamento que podem levar o *coachee* (pessoa que está sendo atendida pelo processo) a fazer inferências, reflexões e produzir *insights* dentro de uma rota que o(a) levará a descobrir, ou redescobrir, maneiras de resolver seus obstáculos, potencializar sua criatividade, redirecionar sua vida e aumentar sua autoestima. Fazer *autocoaching* com a perspectiva de inserir nossos atos e nossa vida em um contexto mais amplo e mais rico também pode nos levar a uma ressignificação de nossa vida.

Voltemos então às "perguntas poderosas" do processo de *coaching*. O que poderia ser mais poderoso do que questionar o sentido de vida de cada pessoa? Dessa resposta pode-se derivar uma série de outras inferências com base nas quais novas (ou latentes) percepções e atitudes serão desenhadas. Nos relatos da história do Buda, há uma pergunta clássica: "Qual é a trilha para alcançar o Buda, o supremo desperto, aquele a quem mais nada pode seduzir e que, para isso, não deixa pegadas?".

Em meditação, uma das práticas mais antigas que também reassume cada vez mais importância ímpar na prevenção de males e no aumento do autoconhecimento das pessoas, aprende-se em um dos seus métodos, a MSP, que, antes de começar a meditar, deve-se perguntar com toda sinceridade ao Universo: Quem sou eu? O que realmente quero? Qual é o meu *dharma* (propósito de vida)? e Como posso servir? Embora o método da MSP (criado pelo médico indiano Deepak Chopra) não mencione em nenhum momento o *coaching*, os questionamentos acima são eminentemente perguntas desse processo, que não caminha sem a navegação no autoconhecimento. É percorrendo a construção de uma eficaz relação intrapessoal que os *insights* podem aparecer, e isso não se faz sem acionar a inteligência espiritual, de onde podem surgir as perguntas fundamentais.

Ainda citando Danah Zohar, listo a seguir as características das pessoas que têm o QS elevado, as quais podem favorecer seus processos de *autocoaching*:

- Capacidade de ser flexível;
- Grau elevado de autopercepção;
- Capacidade de enfrentar e usar o sofrimento;
- Qualidade de enfrentar e transcender a dor;
- Qualidade de ser inspirado por visão e valores;
- Relutância em causar danos desnecessários;
- Tendência para ver as conexões entre coisas diversas;
- Tendência acentuada para fazer perguntas do tipo "Por quê", "O que aconteceria se";
- Capacidade de trabalhar contra as convenções.

Buscar essas qualidades sem uma boa dose de humildade espiritual, na qual reside não só a resiliência, mas a automotivação encontrada no seu sentido de vida, é enfraquecer a trajetória. Um executivo em processo de *coaching* que esteja buscando redefinir sua carreira na empresa não precisa apenas descobrir se fica ou se sai, se busca este ou aquele cargo; por trás de sua dúvida aparente, esconde-se a seguinte questão: é isso que o fará feliz? Uma pessoa que esteja em crise no casamento e busca o *coaching* para melhor analisar o seu "*fight or fly response*" (reação de enfrentamento ou de fuga) muito provavelmente tem por trás disso dúvida em sua capacidade de enfrentar e transcender a dor.

O que desejo enfatizar é que devemos buscar descobrir o sentido por trás do Ego, o ponto de partida que pode levar a conclusões mais consistentes. Com efeito, sempre estará na inteligência espiritual a raiz de uma árvore cujo tronco, galhos, folhas, flores e frutos representam as consequências da qualidade de vida da planta. As certezas e as incertezas do fruto estarão fundamentalmente na raiz da árvore. Há inimigos que podem atrofiar e até comprometer a vida dessa árvore. Ao nos alertar para isso, Danah Zohar nos fala que temos pelo menos três níveis básicos de alienação espiritual:

a) Quando a camada exageradamente desenvolvida pelo ego separou-se do centro;
b) Quando somos racionais em demasia, conscientes demais de nós mesmos, e
c) Quando somos separados do corpo e de suas energias, desviados demais dos nossos sonhos e dos recursos mais profundos da imaginação.

Aqui se faz necessário revisitar o conceito de autoconhecimento, já que, quando nisso falamos, somos quase sempre levados a imaginar um autoconhecimento consciente, lógico e palpável, quando na verdade há muito do autoconhecimento que pertence ao vazio (*gap*, em meditação transcendental). Como disse Carl Gustav Jung: "... Conhecer a sua própria escuridão é o melhor método para lidar com a escuridão dos outros". Nesse sentido, o processo de *autocoaching* talvez deva dar um pouco mais de crédito ao pensamento analógico, pois é nele que reside a imaginação abstrata e relacional de onde muitas vezes é "parida" a descoberta da solução dos enigmas que se busca resolver.

CAPÍTULO 14

OS 13 VERBOS PARA PENSAR FORA DO EGO

> "Seja humilde e permanecerás íntegro. Curva-te e permanecerás ereto. Esvazia-te e permanecerás repleto. Gasta-te e permanecerás novo".
>
> Lao Tsé

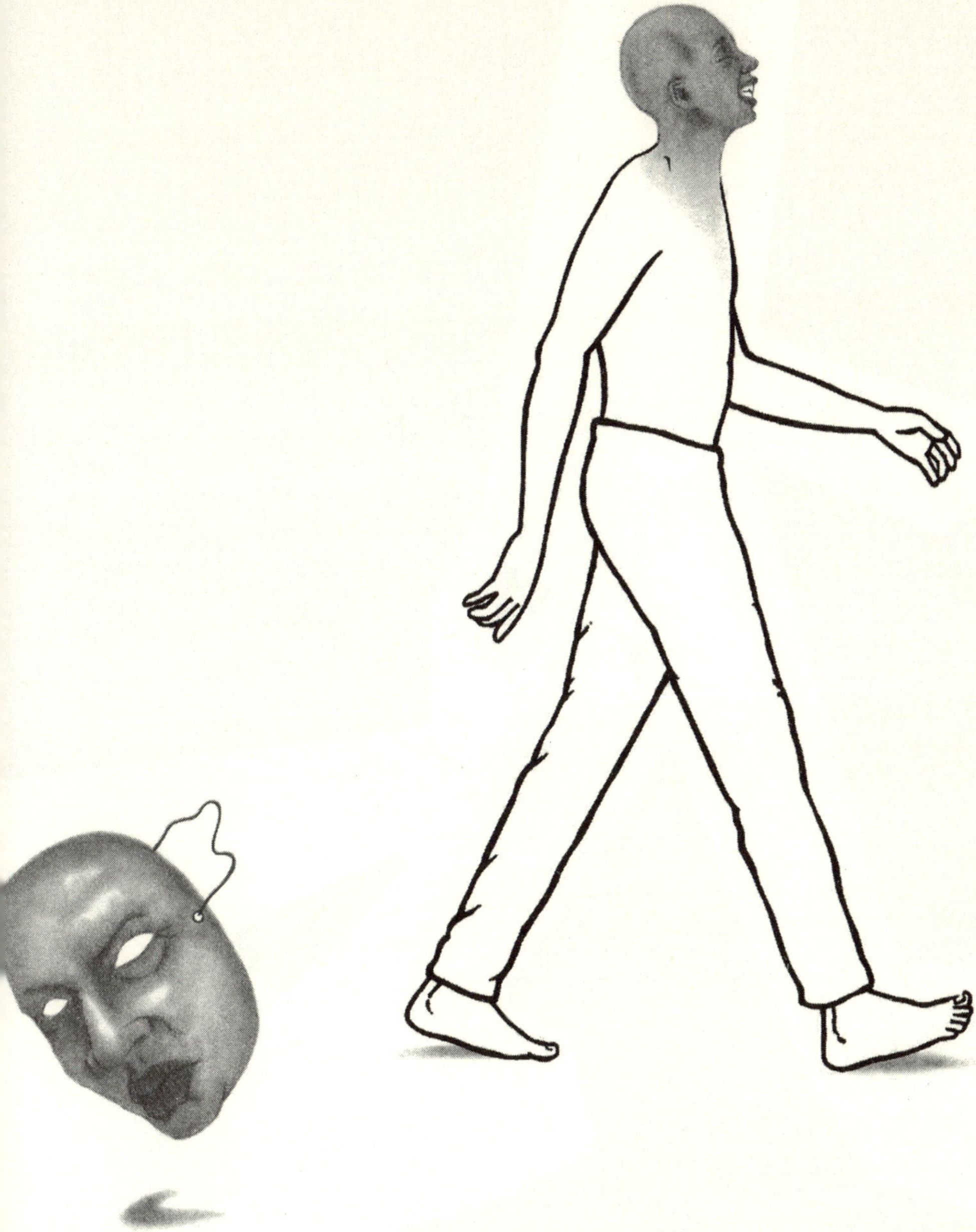

14

Os 13 verbos para pensar fora do Ego

1. **Despertar** (Ver além daquilo que estamos mecanicamente percebendo é o primeiro passo para uma elevação espiritual da consciência.)

A vida está sempre nos convidando a acordar para outros modos de enxergar a realidade. Se levarmos em conta que não vemos com nossos olhos, mas com a nossa mente (pelo lóbulo occipital do nosso cérebro), entenderemos que nossa percepção é viciada e comprometida. Vemos o que queremos ver, da mesma forma que ouvimos o que queremos ouvir e até os sentimos que queremos sentir. Nossos apegos às nossas crenças nos fecham para novas experiências, ou seja, muitas vezes o que acontece é exatamente a predisposição para o que estávamos sinapticamente preparados e esperando que acontecesse. A física quântica está aí mesmo provando que o observador é capaz de mudar a realidade daquilo que é observado. Se nos predispomos a, previamente, não gostar de algo que vai acontecer no futuro, com certeza podemos esperar uma experiência desagradável. Despertar significa buscar ver por outros ângulos, explorar outras facetas e outros significados para o que estamos vivendo ou vamos viver. Significa evoluir para outro estágio de consciência, no qual podemos enxergar coisas que nossas enraizadas crenças não nos deixam ver. E, mesmo que não desejemos dar esse salto na vida, de um jeito ou de outro, ela nos forçará à evolução. Mas, se quisermos, não precisamos sofrer para chegar a esse despertar. Portanto, muito cuidado com sua percepção, pois ela é seletiva. Procure ver além das aparências. Questione suas crenças e reconstrua-as de forma crítica (imparcial e radical). Muitas ideologias são criadas a partir de ilusões ou falácias científicas! Despertar significa ver com clareza, ter atitudes congruentes e agir com lucidez. Vivemos num mundo extremamente maquiado e terminamos por maquiar nossas percepções de acordo com os nossos interesses ou, mais precisamente, de acordo com o interesse do nosso Ego. Sabotamos nossa libertação a partir de percepções que escolhemos ter porque nos são confortáveis ou porque atendem ao desejo do nosso Ego. Somos viciados em nós mesmos!

2. **Inspirar** (Aceitar as orientações do Universo.)

Aceitar não significa ser passivo diante das situações. Onde se tem de agir, que se aja. Aceitação é uma atitude pacífica interior que é regida pela serenidade, por mais que as contingências externas convidem ao nervosismo e à impaciência. Aceitar é um ato de sabedoria quando, por estarmos calmos, somos capazes de fazer a diferença entre o que podemos mudar e o que não podemos. Em termos de destino cósmico, temos total controle sobre o que plantamos, mas jamais sobre o que colheremos. Sabemos que, semeando o bem, também o bem colheremos. Mas de que forma os frutos nos virão não é do nosso poder definir. Passamos nove meses no ventre de nossa mãe e em nada interferimos em nossa formação, entretanto algo guiou e gerenciou a gestação de forma a nos fazer nascer como corpo nas condições em que nascemos. Após virmos ao mundo, precisamos continuar confiando em que há um Criador superior que de nós cuida e dirige nosso destino.

3. **Libertar** (Nada é estático, tudo é dinâmico. Tudo muda!)

"Aqueles que não aprendem nada sobre os fatos desagradáveis de suas vidas, forçam a consciência cósmica que os reproduza tantas vezes quanto seja necessário, para aprender o que ensina o drama do que aconteceu. O que negas te submete. O que aceitas te transforma."

Carl Jung

Tão importante quanto aprender novas habilidades, obter novos conhecimentos e ter novos *insights* é saber desaprender aquilo que já não é mais contemporâneo em nossa vida. Não faz mais sentido repetir hábitos que adquirimos quando éramos crianças e não têm mais lugar numa nova consciência individual ou coletiva. Como exemplo, cito minha própria prática de criar pássaros engaiolados. Quando eu era criança, menino do interior, costumava caçar passarinhos, roubar filhotes dos ninhos originais e armar arapucas para pegá-los e depois os prendia em gaiolas. Lembro-me com remorso das vezes em que via os canários guriatãs, típicos do interior onde morei, exasperados, com a respiração ofegante e o bico ferido de tanto tentar fugir, logo após terem caído no alçapão de minhas arapucas. Hoje não tenho mais coragem de fazer isso. Desaprendi o pseudoprazer que tinha de prender pássaros. Hoje crio passarinhos de cativeiro, que, segundo dizem, tem de permanecer em cativeiro, pois não sobreviveriam na vida livre, já que não tiveram treinamento para suprir sua vida nem para enfrentar os desafios naturais. Mas lhes digo que já estou desaprendendo também esse hábito, pois ainda me incomoda ver meu canário-belga cantando e olhando para a janela. Eu nunca sei se está gorjeando de alegria ou de tristeza ao ver o espaço livre, o sol brilhando e outros pássaros voando. Sei que preciso desaprender uma série de coisas, e várias delas já posso listar: desaprendi comer rapidamente, beber líquidos durante as refeições, remoer tristezas do passado, muitas vezes comentar sobre pontos negativos de outras pessoas sem nenhum motivo construtivo, etc. Mas ainda há muito que desaprender. Aliás, sempre haverá algo para desaprender, posto que a vida é movimento, e tudo muda. Mas há também coisas que nunca deverei desaprender, como valores éticos universais, minha capacidade de amar e de agradecer, por exemplo.

4. **"Simbiotizar"** (Mais que dar e receber, compartilhar)
"Saco vazio não fica em pé", e eu completo dizendo: alma vazia não cria vida! Pergunto: De que você se alimenta, que comida põe sobre a mesa? Está simplesmente enchendo a barriga ou provendo seu organismo com

as fontes de energia das quais ele precisa para, em retribuição, lhe proporcionar vida plena? Como alimenta sua vida econômica? Como mantém e desenvolve as amizades, o amor pela família e pelo mundo? Como nutre sua vida intelectual, profissional e espiritual? Que livros você lê? A que filmes você assiste? Que músicas você escuta? Está se desenvolvendo, elevando sua consciência, ou se alienando, engolindo sem digerir tanto lixo e pondo em seu subconsciente coisas que, além de nada contribuírem para sua evolução, lhe puxam para baixo, fazendo com que você se mantenha com ideias e atitudes primitivas que não têm mais lugar numa humanidade que já passou por tantos holocaustos? Você é um bandeirante ou um pioneiro? Os bandeirantes exploram a nova terra e dela tiram suas riquezas. Os pioneiros desbravam, instalam-se e compartilham a vida. Nutrir é trocar, simbioticamente, a riqueza da vida. Se apenas me alimento sem nada devolver à vida, não estou trocando energias, estou sugando a outra fonte e deixando-a menor do que era. E, como esta também é parte de mim, estou também me autossugando. Você prefere compartilhar, ser parasita dos outros ou doar energias? Nunca se esqueça de que, fisicamente, somos feitos de átomos, e estes são, na maior parte, vazios! Isso mesmo! A matéria – como a entendemos – não existe. O que somos é energia condensada. Isso significa, no mínimo, que não somos separados de ninguém nem de nada e que, querendo ou não, estamos ligados a tudo e a todos. Em outras palavras, tudo o que eu fizer aos outros, estarei também fazendo a mim. Se isso é verdade, emanar qualquer energia negativa para fora de mim significa que esta também me atingirá. Então, expire o positivo e o bem e o bem atrairá.

5. Autoconhecer (Autoconhecer-se é um ato de humildade e de assertividade consigo mesmo.)

Nestes tempos em que se descobre, valoriza e se cultiva a inteligência emocional, nada mais necessário que buscar o autoconhecimento. Como já citado, ser inteligente emocionalmente significa conhecer-se, conhecer o outro e saber administrar as relações. Só podemos ser hábeis em nossas relações interpessoais se o somos em nosso trato intrapessoal, pois tudo o que expressamos ao meio é resultado de como nos vemos. Vemos o mundo não como ele efetivamente é, mas como somos. Percebemos a realidade não a partir dela, intrinsecamente, mas a partir dos nossos referenciais psicológicos internos. Daí a necessidade de termos não somente a prática de buscar o autoconhecimento, mas, antes, a coragem de fazê-lo. Sim, coragem! Pois é preciso tê-la para enfrentar o que há de mais desconhecido para o ser humano: ele mesmo! Normalmente buscamos conhecer, entender, controlar, consertar e melhorar o mundo e aqueles que nos cercam, mas nos esquecemos de fazer a mesma operação conosco mesmo. Para nós sempre é muito mais fácil (e mais sedutor) observar, analisar e criticar tudo o que nos cerca do que fazer isso em relação a nossas imperfeições. E, quando os outros nos criticam, geralmente não gostamos e somos até capazes de deixar arranhar ou acabar com longas amizades porque alguém "falou mal" de nós. Interessante perceber que ao buscar uma consultoria empresarial para analisar nossa empresa, onde também estão embutidos nossos comportamentos, não só aceitamos as críticas como até pagamos por isso. Ter a humildade de reconhecer nossas falhas e a felicidade de festejar nossas vitórias é igualmente dever e direito de quem deseja suceder na vida para consigo mesmo e para com o mundo.

6. **Escalar** (Estamos "condenados" a evoluir. Quer queiramos, quer não, nossa sina é nos elevar em todos os sentidos.)

Somos todas almas vivendo uma passageira experiência humana. Nascemos espíritos, advindos do Espírito Supremo, e temos, na experiência de vida na terra, a missão de nos melhorarmos para atingir a divina consciência elevada. Cada um de nós carrega no DNA espiritual sua missão e seu propósito como humano, cuja trajetória terrena foi amorosamente traçada pelo Pai. Nada nos acontece sem Sua permissão, e tudo o que fazemos está, de alguma forma, ligado ao Seu plano. O Mestre nos ensina e nos passa as tarefas de casa por meio das quais nossa aprendizagem (evolução) vai se legitimar. Quando não entendemos nossa vida como missão de evoluir e servir para que outros evoluam, estamos boicotando os planos de Deus para conosco. Mas, quando buscamos na Sua Luz as explicações e as orientações para o nosso caminhar, mesmo com os didáticos e necessários sofrimentos, nos regozijamos em tudo o que nos acontece na vida. Porém, quando ocorre o contrário, muitas vezes aumentamos, potencializamos o sofrer e diminuímos as alegrias. Passamos a sofrer duas vezes: sofremos pelo sofrimento, além da sua causa primária. Nosso destino é a Luz, e só a atingimos quando estamos suficientemente evoluídos para enxergá-la.

E sempre há duas maneiras de isso acontecer: pela dor ou pelo amor! Se amamos de verdade, queimamos *karmas* e avançamos com leveza na estrada da evolução. Não mais sofreremos por coisas que não valem a pena nem mais desperdiçaremos a sagrada energia de viver com plenitude.

7. **Perceber** (Ver com o terceiro olho. Nossa percepção a partir dos nossos órgãos físicos dos sentidos é comprometida com os filtros de nossa mente.)

Todos nós, como almas, somos puros e harmônicos com a respiração do Universo. A alma sabe se "simbiotizar" de tal forma com a Alma Suprema que tudo o que ocorrer terá sua função em nossa evolução. Nossa mente, todavia, é capaz de dirigir nossa percepção para onde o Ego desejar, pois ele (o Ego) foi criado por nós. Dessa forma, podemos escolher olhar para o nosso entorno de, pelo menos, duas formas: querendo acreditar ou não querendo acreditar. Assim, nosso passado torna-se ressignificável, e nosso futuro, aquilo que desejamos que seja. Uma experiência pretérita que, na época de sua ocorrência, que foi percebida de maneira ruim pode, à luz de uma visão atualizada, nos mostrar os ganhos que tivemos. Uma preocupação com o futuro pode tanto antecipar um sofrimento (que a gente não tem nenhuma garantia de que vá ocorrer) quanto nos fazer antecipar planos realistas para que ocorram da melhor maneira possível. O que nos aconteceu no passado pode ser revisitado e percebido da mesma forma como o foi na oportunidade, ou de forma diferente: mais ou menos confortável, com novos ganhos ou perdas, enfim. Se formos complacentes, saberemos tirar lições de tudo o que aparentemente nos foi só ruim, mas com certeza também poderá ter servido para nosso fortalecimento. No entanto, também podemos escolher manter o sentimento de autopiedade e continuar a nos lamentar pelo resto da vida. Dar significados positivos a tudo que nos acontece é ultrapassar a membrana da superficialidade dos fatos e mergulhar em suas essências, que, com certeza, terão valores que somarão ao nosso desenvolvimento. É uma questão de percepção. Não deixe o Ego escolher.

8. **Atrair** (Os opostos se atraem, mas nunca se unem!)

Dizem que "comer e coçar" basta começar! Não tenho dúvidas de que isso é verdadeiro. Às vezes a gente nem está com fome, mas começa a "beliscar" e acaba continuando. Eu diria que isso também acontece com todas as emoções. Se nos sentimos tristes e nada fazemos para sair desse estado e até investimos na sua intensificação, é muitíssimo provável que tudo a nossa volta acompanhe nossa tristeza e, como um efeito de retroalimentação de nossa tristeza, criamos ou aumentamos a tristeza da ambiência, e vice-versa. Isso também acontece com a alegria. Experimente, mesmo quando triste, sorrir, fazer piada consigo mesmo, brincar com os outros de maneira bem-humorada. Logo perceberá um "efeito bumerangue" impressionante. E não somente se autocontagiará com a alegria como a espalhará e receberá, do seu entorno, uma energia tão boa que verá alternativas para melhor aceitar os motivos que lhe causaram tristeza ou quaisquer sentimentos negativos. Mantenha-se "plugado" em Deus. É só você se afastar dEle que as forças do mal conspiram em favor de suas intenções negativas. Uma sobrinha minha teve um problema no joelho e precisou ser operada. A operação não foi nenhum problema, mas o tempo do pós-operatório, seguido de meses de fisioterapia, deixaria qualquer um com um azedume social insuportável, ainda mais no caso dela, que, ativa como poucas pessoas, esteve "condenada" a ficar por muito tempo "no estaleiro" e, mesmo quando voltou a sair, ainda permaneceu por um bom tempo com a perna imobilizada. Estava escrevendo este capítulo do livro quando recebi uma mensagem de WhatsApp dela, a qual transcrevo *ipsis litteris*: "Olá queridos. Preciso compartilhar. Finalizei 30 sessões de fisio solo. Ontem iniciei a hidroterapia. Cenário lindo: piscina linda, água na temperatura ideal, sol e céu deslumbrantes, maiô, touca, sapatilha..." Minha sobrinha podia muito bem ter escolhido não ver o cenário lindo e ficar "emburrada", lamentando-se, mas preferiu o contrário. Tenho certeza de que a parte que se seguiu do tratamento foi bem mais palatável.

9. Desapegar (Nada pertence a você, nem a sua própria vida. Regozije-se de pertencer ao Universo, mas não se ufane de nada que imagina ser seu.)

A palavra apego deveria ser escrita "apEGO", pois essa falsa ideia de que algo nos pertence é coisa do Ego, nossa ilusão até de quem realmente somos. Nada nos pertence. Nem nossa própria vida, muito menos a dos outros. No meu trabalho como *coach*, o que mais vejo são pessoas sofrendo porque carregam o mundo em seus ombros e têm a ilusão de que podem controlar os outros e as circunstâncias da vida. Isso é apego, e dos "brabos"! O apego nada mais é do que a tentativa de nos segurar naquilo que temos, ou que pensamos ter, como uma garantia de que estaremos imunes. Quem pode garantir isso senão Deus? Por mais que você faça tudo certinho, nada lhe assegurará que terá sucesso, pois há variáveis externas que você jamais poderá controlar. É claro que, se nada plantar, você também nada colherá, mas o Universo faz parte do texto do seu destino se você não estiver separado dele. Portanto, é bom se empenhar ao máximo, viver com a máxima intensidade, plantar o bem, mas o percurso da estrada de sua vida deve ser sempre mais importante que o ponto de chegada. Desapegue-se da expectativa, pois ela é irmã da ansiedade. Apego ao futuro resulta em ansiedade; e apego ao passado, em depressão. Lute por tudo o que acredita, mas saiba deixar para trás qualquer ideia quando aprender que o que defendia era inoportuno ou uma ilusão. Viva o aqui e o agora. Desapegue-se do passado e do futuro. Eles não existem e, se existirem, você não tem nenhum poder sobre eles. Desapegue-se dos bens materiais, você veio a este mundo de mãos vazias e com elas vazias o deixará. Faça uma faxina em sua mente e desfaça-se de tudo aquilo que não lhe constrói. Doe para outras pessoas ou jogue-as no lixo reciclável. Mas faça também uma limpeza em sua alma. Alinhe seus chacras, repactue seu compromisso com Deus e abra sua mente para novas ideias. Perdoe a si e aos outros, mas perdoe com o coração, e não com a mente, pois o coração sente e produz vibrações espirituais, ao passo que a mente apenas mente! Desapegue-se de tudo, menos de Deus. O único apego que vale a pena é Deus!

10. Amar (Quem cuida, ama.)

Qual é o mérito de só cuidarmos daquilo que amamos? Parece-me muito fácil! Mais difícil e, portanto, mais nobre é cuidarmos daquilo que não amamos. Mesmo sem amar, se você cuidar, terminará amando. Por isso, a citação de Jesus "Amai vossos inimigos" é divinamente nobre, pois parte de uma decisão: a decisão de ser espiritualmente mais elevado. Por isso, acho que querer cuidar de alguém ou de algo antecede o sentimento de amar. Cuidar é uma questão de decisão, amar depende de uma paixão inicial. Experimente cuidar de alguém, ou até de alguma coisa, e verá que mais cedo ou mais tarde o amor brotará. E nascerá forte e imune às oscilações da paixão. Comece por cuidar de si mesmo e verá que também se amará mais e, com efeito, amará mais as pessoas e os outros seres. Amar é a missão de todos os seres vivos, e amar conscientemente é sinal de elevação espiritual. Quando se ama, atinge-se o máximo da ioga, a conexão com o Universo. Não se deve confundir amar com querer, desejar. Tudo isso faz parte, mas tudo é instrumento, não um fim em si mesmo. É preciso amar o outro, mas é indispensável amar-se a si. O autoamor é um amor como instrumento de felicidade, bem-estar e autocura. É um sentimento de completude conosco. Se nos amamos, nosso Eu Superior nos abraça, trazendo autoconfiança, energia e lucidez. Amar faz um bem danado! Amar até previne doenças, cura e rejuvenesce as pessoas. Num dia desses, encontrei a Glória (a quem chamo de Godoia), babá de quatro gerações de uma família amiga minha. Olhei para ela e disse: "Godoia! Há quanto tempo! Você não envelhece! Qual é o segredo?". Ela me respondeu: "Meu trabalho é cuidar de crianças! Quanto mais cuido delas, mais as amo e mais me sinto viva!". Amar deveria ser verbo intransitivo. Para quem ama verdadeiramente não há o receio (às vezes o pavor) de não ser amado. Quem ama de verdade contenta-se com a alegria de amar. Quando amo de verdade, já me sinto feliz por estar amando. E não importa a quem nem a quê. Simplesmente amo! Gosto muito de ouvir a sinceridade dos hispanos ao dizerem "te quiero", pois pelo menos estão sendo sinceros. Digo isso porque normalmente confundimos o ato de amar com o de querer alguém ou algo. Dizer "te amo" implica cuidar, perdoar, tolerar, sentir-se feliz só pelo fato de o(a) amado(a) estar feliz, e isso dá trabalho! "Eu te quero" ou "Eu te desejo" implica "te querer para mim", "para me fazer feliz", "para me dar prazer" e "para cuidar de mim" E isso é o que nós, na maioria das vezes, realmente queremos.

Utopia? Talvez! Mas tente experimentar. Nunca é tarde para tentar, pois você não é o que lhe aconteceu, mas o que escolhe se tornar.

11. Meditar (Oração é quando se fala com Deus. Meditação é quando você escuta Deus.)

Meditar é medicar! Ou melhor, meditar é prevenir! Cada vez mais, a ciência ocidental tem admitido o poder de cura e de prevenção às mais diferentes doenças que a meditação traz. E, independentemente do aspecto terapêutico, o melhor da meditação é que quem pratica desfruta uma qualidade de vida incomparável. Tratando a mente por meio do contato com o Eu Superior e com as forças da energia cósmica, seu corpo e toda a sua fisiologia recebem as melhores e mais eficazes vibrações que uma vida feliz usufrui. Meditar é como "resetar" a mente, é um bálsamo que lhe dá a paz e a serenidade que a vida moderna teima em lhe tirar. Meditação nada tem a ver com religião, mas indispensavelmente lhe aguça o contato com Deus, e, a partir daí você aciona os poderes que dele recebeu como herdeiro. Quem medita tem as defesas do organismo reabastecidas e ampliadas e consegue lidar melhor com o estresse. Isso acontece porque, durante a prática da meditação, a enzima telomerase (ligada ao sistema imunológico) tem sua ação intensificada. E é esse estado que age diretamente sobre a atividade da telomerase nas células do sistema imunológico, que são as reais responsáveis por promover a longevidade das células. Há diversos estudos que relatam as alterações fisiológicas que ocorrem em pessoas que meditam. Na área cerebral, nota-se um aumento da integração e da efetividade do cérebro e acontece uma ampliação das ondas cerebrais relacionadas ao relaxamento. Em resumo, podemos dizer que o ato de meditar provoca uma redução do metabolismo e, assim, ocorre uma pronunciada desaceleração do funcionamento do corpo. O cérebro fica globalmente mais irrigado, aumentando a coerência e a sincronia eletroencefalográfica. Há ainda o aumento da concentração de dopamina, norepinefrina e serotonina (neurotransmissores), o que explica o aumento da sensação de prazer, motivação e energia após a prática.

12. Degustar ("É preciso demorar-se nos momentos, nas sensações, prolongar o prazer, retardar o êxtase, se deliciar com a espera, com o meio, com o processo." – Silvia Marques)

Se bem atentarmos, os tempos modernos e frenéticos estão nos levando a inflacionar nossos direitos de viver. Estamos pagando mais esforço e recebendo menos valor. Temos nossos órgãos dos sentidos preparados para perceber e se deleitarem com os prazeres da vida, mas nossa mente, vitimada pelo que Augusto Cury chama de SPA (Síndrome do Pensamento Acelerado), não nos deixa prestar suficiente atenção ao momento, ao seu entorno e às sensações que podem nos oferecer. Ao acordar, rezamos pensando no banho; ao nos banhar, nós entregamos ao café da manhã e, no café, nos preocupamos com os afazeres. E, quando chega cada afazer, já estamos mergulhados nos próximos ou pensando retroativamente nos que fizemos ou deixamos de fazer. Dessa forma toda a riqueza do momento, como a sensação de bem-estar que uma oração bem rezada pode nos trazer, o prazer de acordar a pele com água refrescante e o cheiro do sabonete ou a relaxante massagem nos cabelos, fica somente no processo mecânico. Assim, você pode até dizer que se lavou, mas não necessariamente que tomou um bom banho. Isso também acontece no café da manhã, ao volante do carro quando nos dirigimos ao trabalho, na cama ao nos deitar para uma pretensa boa noite de sono restaurador e até no sexo, que sempre poderia ser melhor se nos entregássemos ao ato de forma plena, espiritual e amorosa. O que acontece muitas vezes neste último item é que há atos sexuais tão mecânicos que deveriam ser chamados mais de masturbação do que de relação sexual.

Enfim, se degustássemos tudo na vida como fazemos com um vinho, teríamos vida com qualidade, por menor quantidade que possamos ter dela. Interessante notar que, quando vamos aos funerais, é muito comum ouvir dizer que o falecido ou foi cedo demais, ou então "pelo menos viveu muitos anos", mas quase ninguém se pergunta ou expressa a verdade: às vezes os que foram mais cedo viveram com plenitude e os que chegaram a idades seculares, ou perto delas, talvez nem tenham tido uma vida que foi vivida, talvez ela tenha sido apenas passada no calendário de forma tão rotineira que os anos inflacionaram o valor do que há de mais sagrado: a vida que Deus nos deu. E foi Cristo quem disse: "Que tenham vida em abundância!". Com certeza Ele não se referia à quantidade, mas à qualidade com que vivemos. Buda também contribuiu quando disse que "O segredo da saúde mental e corporal está em não lamentar o passado, não se preocupar com o futuro, nem se adiantar aos problemas, mas viver sabia e seriamente o presente".

Assim como digo que vinho não se bebe, mas se come, também defendo que a vida não passa, quem passa somos nós, e por isso é importante que saibamos vivê-la recebendo com atenção tanta coisa boa que está deixando de ser percebida. Achamos que o monte de afazeres e a correria à qual nos acostumamos são impostos pela vida, mas, se bem pensarmos, somos nós que assim decidimos viver. E, mesmo quando as demandas exigirem pressa, que tenhamos agilidade em vez de velocidade. Que saibamos que a qualquer momento uma boa e consciente respiração agirá a nosso favor, limpando nossa mente, acalmando nosso coração e nos dando lucidez para resolver com melhores estratégias e menos desgaste os obstáculos que se nos apresentam. Como diz o senso comum: "Se com a cabeça fria as coisas não se resolvem, muito menos com os miolos quentes".

Não queira simplesmente viver a vida, mas aprenda (ou reaprenda) a fazer como as crianças: entregue-se autêntica e plenamente ao que está fazendo. Pense fora do seu tando mais atenção aos momentos do que chamando a atenção para si. E muito cuidado com as emoções destrutivas. A raiva, por exemplo, nunca ajuda a resolver um problema. Segundo o Dalai Lama, "ela destrói a nossa paz de espírito e cega a nossa capacidade de pensar com clareza. A raiva e o apego são emoções que distorcem nossa visão da realidade." É interessante perceber como estamos presos aos pontos de chegada ou de partida, e não ao percurso. Explico: não acho ser o antes ou o depois os momentos mais importantes. A vida existe é no durante. Vivemos pensando nas experiências negativas do passado, as quais temos receio que se repitam, ou vivemos numa frenética expectativa do que acontecerá no futuro e nos esquecemos de prestar atenção em como estamos vivendo o presente. Uma vez estava aguardando alguém no saguão de um hotel. Lia um livro enquanto esperava, mas perdi a concentração ao ver uma família se organizando para sair de férias. Presenciei o caos da busca das malas, o nervosismo do pai com o possível atraso e a consequente perda do voo, a preocupação exagerada da mãe com a filha que demorava a vir do quarto, a irritação de uma criança que odiava estar tendo de acompanhar todo aquele inferno, alguém reclamando em voz alta que havia se esquecido de trazer a máquina fotográfica, enfim, um verdadeiro inferno. Depois de muita confusão, tudo estava pronto, eles sentadinhos aguardando o traslado, quando o pai falou: "Pronto: está tudo Ok, agora. Já podemos ficar alegres!".

13. Relacionar (Saber dar e receber. Não só viver, mas conviver.)
Pessoalmente, acho ser a gratidão o mais belo de todos os sentimentos,

a começar por reconhecermos o privilégio da vida, passando por tudo que ela nos oferece através de todos os seres e de todas as outras formas de vida. Esse sentimento é de tamanha magnitude que o comparo à criação do Universo. Agradecer é saber receber! Pense bem: se você não existisse, quem contemplaria a obra de Deus? E o mais bonito é que nossa contemplação não depende somente da nossa existência, mas da de todos os outros. Está em nossa relação com todos esses outros a graça de receber a vida. E tudo isso nos veio "de graça". Portanto, saibamos receber, saibamos agradecer a tudo e por tudo. E, já que acredito que tudo tem seu lado positivo, saibamos agradecer a Deus nos seres (que fazem as obras de Deus acontecerem para nós) por tudo, porque até naquilo que nos faz sofrer há uma razão divina de ser. Deveríamos, em todos os idiomas, substituir os cumprimentos "bom dia", "olá", "oi", quaisquer que sejam, por simples e puramente: "gratidão"! Mas a verdadeira gratidão transcende o nível do reconhecimento e de sua expressão. Ser grato é fazer a sua parte no processo dinâmico de dar e receber. Como uma corrente do bem, saiba receber e passe adiante o que recebeu. Decida o que deve receber e o que deve passar. Não dê nem receba tristezas, energias negativas, vibrações venenosas. Órgãos afetados pelas emoções destrutivas:

ANSIEDADE	PREOCUPAÇÃO	TRISTEZA	MEDO	RAIVA
INTESTINO DELGADO	MÚSCULOS	PELE	OSSOS	FÍGADO
ARTÉRIAS E VASOS	ESTÔMAGO	INTESTINO GROSSO	CABELO	VESÍCULA BILIAR
CORAÇÃO	PÂNCREAS	PULMÃO	RINS E BEXIGA	ARTICULAÇÕES
LÍNGUA	BOCA	NARIZ	ORELHAS	OLHOS

Se for notícia boa, de quem quer que seja, passe adiante com alegria, mesmo que nada tenha a ver com você. Mas, se for coisa ruim, não aumente nem dramatize. Faça-o com piedade e ressignificação, valorizando o lado positivo que em tudo existe. Seja bom para com todos os seres, e, se estes não lhe retribuírem, o Universo o fará.

Referências

ARSTON, William Moulton. *As emoções das pessoas normais*. São Paulo: Success for You, 2014.
CHOPRA, Deepak; SIMON, David. *As sete leis espirituais da ioga*. Rio de Janeiro: Rocco, 2006.
CHOPRA, Deepak; TANZI, Rudolph E. *Supercérebro: como expandir o poder transformador da sua mente*. São Paulo: Alaúde, 2013.
CHOPRA, Deepak; WILLIAMSON, Marianne; FORD, Debbie. *O efeito sombra*. São Paulo: Leya, 2010.
CURY, Augusto. *A fascinante construção do eu*. São Paulo: Academia de Inteligência, 2011.
_____. *Ansiedade: como enfrentar o mal do século*. São Paulo: Saraiva, 2013.
_____. *Armadilhas da mente*. São Paulo: Arqueiro, 2013.
GEORGE, Mike. *Os 7 mitos do amor: uma viagem da mente ao fundo da alma*. São Paulo: Integrare, 2011.
GOLEMAN, Daniel; DALAI Lama XI. *Como lidar com emoções destrutivas*. São Paulo: Elsevier, 2003.
KRISHNA. Baghavad Gita. 3. ed. Tradução de ROHDEN, Huberto. São Paulo: Martin Claret, 2012.
MOSS, Richard. *A mandala do ser*. Rio de Janeiro: Qualitymark, 2008.
SABBAG, Paulo Yazigi. *Resiliência*. São Paulo: Elsevier, 2012.
SHINIASHIKI, Roberto. *Problemas? Oba!* São Paulo: Gente, 2011.
ZOHAR, Danah; MARSHALL, Ian. *QS inteligência espiritual*. Rio de Janeiro: BestBolso, 2012.

Site

Novo Equilíbrio. Disponível em: <www.novoequilbrio.com.br>. Acesso em: ago. 2016.

Quem é Cidinho Marques

Prof. Cidinho Marques é pedagogo, com especialização em Neuropsicologia (Instituto Brasileiro de Pós-Graduação e Extensão – IBPEX –, Curitiba) e mestrado em Educação (Columbia University, Nova York, Estados Unidos), Master Coach profissional certificado pela Abracoaching no Brasil, pela College of Executive Coaching em Washington, EUA, e pelo Behavioral Coaching Institute (BCI) em Singapura. É instrutor de meditação certificado pelo Deepak Chopra Center (Estados Unidos), especialista em Meditação *Mindfulness* (meditação para a Atenção Plena), analista DISC, *master* em Programação Neurolinguística (PNL) e escritor independente de livros e artigos científicos na área de autoconhecimento, desenvolvimento pessoal e *coaching*. É conferencista de eventos nacionais e internacionais sobre Automotivação, Liderança, Relações Interpessoais, Qualidade de Vida no Trabalho e inteligências Emocional e Espiritual.

Autor dos livros Vencer a si mesmo (Clara Editora) e Crer para ver (Editora Átomo e Alínea) e coautor das obras Coaching para alta peformance e Mapa da vida (Editora Literare Books).